广东省"211工程"三期重点学科建设项目

U0783599

主编 徐真华

全球化背景下的外国语言文学研究丛书

刘齐生 著

语篇差异与政治语法

TEXTUAL DIFFERENCES AND POLITICAL GRAMMAR

上海外语教育出版社

外教社 SHANGHAI FOREIGN LANGUAGE EDUCATION PRESS

图书在版编目（CIP）数据

语篇差异与政治语法 / 刘齐生著.
—上海：上海外语教育出版社，2012（2013重印）
（全球化背景下的外国语言文学研究丛书）
ISBN 978-7-5446-2548-7

Ⅰ.①语… Ⅱ.①刘… Ⅲ.①语法－对比研究－汉语、德语
Ⅳ.①H146 ②H334

中国版本图书馆CIP数据核字（2012）第227299号

出版发行：上海外语教育出版社
　　　　　　（上海外国语大学内）　邮编：200083
电　　话：021-65425300（总机）
电子邮箱：bookinfo@sflep.com.cn
网　　址：http://www.sflep.com.cn　http://www.sflep.com
责任编辑：蔡一鸣

印　　刷：上海信老印刷厂
开　　本：890×1240　1/32　印张4.875　字数160千字
版　　次：2012年8月第1版　2013年7月第2次印刷
印　　数：1 100册

书　　号：ISBN 978-7-5446-2548-7 / F · 0060
定　　价：20.00元
本版图书如有印装质量问题,可向本社调换

全球化背景下的外国语言文学研究丛书

编委会名单

主编：徐真华

编委：（以姓氏笔画为序）

王初明　韦立新　平　洪　刘　岩

刘建达　杨　可　李敬平　余　东

陈开举　陈多友　林秀梅　郑　超

郑立华　章宜华　董燕萍　曾用强

戴桂玉

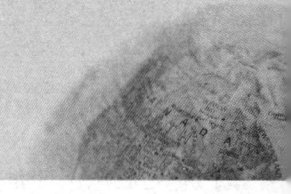

总序

外国语言文学学科的发展是与国运衰微、西学东渐、现代大学勃兴紧密联系在一起的。随着 1840 年鸦片战争的爆发,东西方文明在古老中国不断冲突、碰撞、磨合以及融汇,其剧烈之程度在中国对外交往史中前所未见。西方列强的坚船利炮使东方老大帝国的羸弱暴露无遗。清政府内洋务派为了挽救清廷的统治危机,主张引进、仿造西方的武器装备和学习西方的科学技术,兴办洋务,创设近代企业,将发展重点放在"器物"层面,"师夷长技以制夷"。1894 年,中国在甲午海战中惨败,民族危机空前深重,引起思想文化教育界强烈震动,"中学为体,西学为用"受到空前挑战,"制度"革新摆上核心日程,变法维新运动持续高涨。

此时,时代需要中国与西方之间的"翻译者",从一开始,外语就承担了读懂历史变迁、推动民族奋起自强的重任。中国一批最早接受西方思想的知识分子,如魏源、郑观应等,为译介西书和传播西方的政治体制、科学知识,发挥了很大的作用。1862 年,被誉为近代第一所国立外国语学院的京师同文馆应运而生,恭亲王奕䜣等人在给清政府的奏折上阐明了建馆的意图:"欲悉各国情景,必先谙其言语文字,方不受人欺蒙。"作为清代最早培养译员的洋务学堂和从事翻译出版的机构,同文馆为推动中国近代化作出了积极而重要的尝试。此后,得益于外语的译介作用,西学在中国的发展步伐不断加快。曾负笈海外的严复翻译了一批重要的西方著作,他的译著(如亚当·斯密的《原富》、斯宾塞的《群学肄言》、孟德斯鸠的《法意》,尤其是赫胥黎的《天演论》,以"物竞天择"、"适者生存"、"优胜劣汰"的生物进化理论阐发救亡图存的观点)启蒙与教育了一代国人,产生了振聋发聩的影响。戊戌变法之年,中国第一所国立综合性大学——京师大学堂创立伊始,即开设英、法、德、俄、日 5 个语种的课程。1902 年,京师大学堂复学,且随即合并了京师同文馆,次年更名为译学馆。随着现代高等教育在中国的兴起,外语专业作为一门独立学科在我国建立并逐步发展。揭橥"民主"和"科学"两面旗帜的"五四"新文化运动,为外语学科增添了发展动力和活力。

适值"三千年未有之大变局",以促进中国近代化为宗旨的海外留学热潮激情涌动。1872 年到 1875 年间,由近代中国留美第一人容闳提议,清政府先后派出四批共 120 名幼童赴美国留学。这些留美幼童是中国历史上最早的官派留学生。此后,旨在寻求真知的官派和自费留学逐波激荡。这些留学生归国后分布在政界、军界、实业界、教育文化界等各个领域,不少人成为中国近代历史上的知名人物。及至民国时期,一批既饱览西学又具有深厚国学根底的"海归"执掌大学外文系或者从事外文教学研究工作。作为"睁眼看世界"的文化精英,他们学习和借鉴西方先进的理念、模式和方法,制订学术范式,建立课程体系,名师俊彦辈出,学术声誉远播。从当年北京大学、清华大学、西南联大等高校外文系的一流学术阵容可见一斑。在外文界,前辈不懈开拓进取,后学奋力继承创新,学术薪火相传,在短短数十年内为外语学科奠定了较为厚实的基础。1949 年以后,由于国内、国际形势的嬗变,外语学科的持续发展受到很大干扰和破坏。1978 年中国实行改革开放政策,长期以来对外封闭的坚冰开始消融,外语学科又受到重视,得以焕发新的生机和活力。

近 30 多年来,科学技术迅猛发展,社会思潮与思想观念更趋丰富多元,学科既深度分化又高度综合,这些变化既拓展了外国语言文学的外延,又深化了其内涵。尤其是 20 世纪 90 年代后,全球化趋势深入发展,国与国之间相互依赖相互依存明显增强,对人类社会的影响涉及经济、政治、教育、社会及文化等各个领域,为外国语言文学创设了新的发展环境和条件。在这个进程中,我国外语界就全球化背景下外国语言文学的使命和责任、外语教育规划、外语学科发展路径、外语人才培养模式等理论和实践问题进行了积极的探索,为推动我国经济社会发展、促进中外文化交流、培养高素质国际化人才作出了重要贡献。在全球化背景下,我们面临进一步提升高等教育国际化水平,繁荣发展哲学社会科学,扩大中国学术的国际影响力和话语权,增强国家文化软实力,增进国际理解的艰巨任务。哲学社会科学要繁荣发展,既要"请进来",也要"走出去",对本国传统文化精髓,既不狂傲自大,也不妄自菲薄;对外国优秀文明成果,既不全盘照搬,也不一概否定。在纵横捭阖的大时代面前,我国学术发展更需要世界眼光、国际视野和"海纳百川、有容乃大"的广阔胸怀。面对新形势、新任务,外语院校和外语系学科有独特和不可替代的优势,有责任、有义务、有能力推进内涵发展、质量提升、品牌建设,服务于整个国家学术的发展,服务于国家外交战略能力的大幅提升。

　　国学大师、清华研究院"四大导师"之一陈寅恪先生曾经说,"读书必先识字",他自己就精通梵语、英语、法语、德语、巴利语、波斯语、突厥语、西夏语,还修习过中亚古文字和蒙古语。时至今天,要了解古希腊、古埃及、古印度、古巴比伦文明的历史,要感受罗马帝国的辉煌和文艺复兴的灿烂,要领略工业革命和西方哲学的魅力,要把握当前国际社会发展的律动和人类进步的脉搏,外国语言文学仍然是一种十分重要而必不可少的工具、载体和媒介。在全球化背景下,普世价值往往能更易超越民族、文化、宗教、局域认知等,通过外语这座桥梁得以交流和沟通、发扬和传播,从而提升人类社会的福祉。

　　高等学校的根本任务是培养人才。为适应全球化和高等教育国际化的需要,外语院校和外语学科一项很重要的使命和责任,就是要践行"立足平凡、追求卓越"的教育理念,创新人才培养模式,着眼于培养全球化、高素质公民。这种人才,具有较高的公民素养,"不能仅仅是语言、翻译方面的专家,更要在此基础上成为对象国研究和区域研究的专家,成为外语精湛、专业突出、高素质的复合型、复语型的国际化人才"(教育部副部长郝平)。简而言之,全球化、高素质公民的内涵可以用"中国灵魂、世界胸怀、现代意识"十二个字来表述,它包含了人与自我、人与国家、人与世界三个命题。第一,大学生要追求自我完善,务求"格物、致知、诚意、正心",修身自持,赋予个体生命实际意义。第二,大学生要理性爱国,正确理解与认同传统文化,自觉参与现代中国的社会—文化转型进程。第三,大学生要用全人类而非单一国家民族的眼光关注诸如气候变化、核扩散、大规模传染病等国际性难题,不断提高跨文化交际能力,对外具有独立的品格和开放的心态。

　　在全球化语境下,外国语言文学需要遵循学科发展规律,顺应国家政策安排,不断加强自身建设,逐步提升学科的影响力和话语权。推进外国语言文学基础理论研究,密切追踪国外学术前沿,注意学习和借鉴,但不能满足于"跟随"和"阐释",要力争取得有突破性的、具有国际影响的原创性外文理论成果。充分发挥外语学科优势,整合相关学科资源,开展全球问题、国际区域和国别问题的长期跟踪研究,为国家外交战略服务。积极主动对接国家和地方战略需求,就外语教育教学和对外交往的重大理论和实践问题,鼓励个人自由探索,支持学科集体攻关,为党和政府提供高水平的决策咨询服务。比如,广东外语外贸大学在广东省政府的鼎力支持下组建的广东国际战略研究院,近年来就国际金融危机、中国—东盟自贸区成立、日本地震海啸等重大问题对广东的影响及对策,组织外语专家和相关学科学者进行专题研究,向有关方面提交了高质量的调研报告,对政府施政和企业决策产生了积极的影响。"走出去",是繁荣发展我国哲学社会科学的重要环节。外语院校和外语学科可充分发挥自身独特优势,健全高端国际型人才培养体系,重点培育一批高水平、专业化的翻译团队,培养造就一批造诣高深的翻译名家,翻译并向海外推介一批中国文化经典和学术精品。要适应学科分化与综合的趋势,加强外语与经济、管理、法律、文化、军事、信息技术等学科的交叉和融合,在保持传统语言文学学科优势的基础上,努力催生出一批能与国际学术界直接对话、具备学术话语权的新型特色交叉学科。加强与港澳台外语界的交流与合作,积极参与国际学术活动和学术组织,积极参与和推动国际学术组织有关政策、规则、标准的研究和制定。

以"工程"、"项目"和"课题"等名义对高等学校发展实行管理和调控,是我国高等教育体制的重要特色。目前,少数外语院校进入国家"211 工程"建设高校行列,外国语言文学学科也拥有一批国家级重点学科、教育部人文社科重点研究基地、教育部特色专业建设点、国家精品课程、国家教学名师等,这些总体上构成了外语学科领域的学术制高点。2008 年,广东外语外贸大学"全球化背景下的外国语言文学研究"入选广东省"211 工程"三期重点学科建设项目,其系列专著凝聚了"语言·文学·文化"、现代技术与语言教学评估、跨文化交际与管理、翻译研究与实践等研究方向,来自政府的支持为广外外语学科的创新发展提供了新的机会和平台。出版"全球化背景下的外国语言文学研究丛书",一来可作项目成果的初步展示,二来以此就教于同行专家学者。

慢工出细活,厚积才能薄发。全球化背景下外国语言文学学科的发展,与中国改革开放与现代化建设事业一样,依然任重而道远。

是为序。

徐真华[①]
2011 年 6 月

[①] 徐真华,广东外语外贸大学教授,博士生导师;广东省人民政府文史研究馆馆员,文史馆文学院名誉院长。

目录

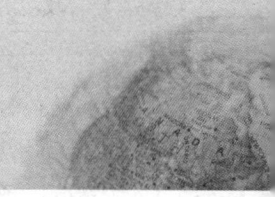

前言

　　语篇对比研究始于何时,无从考证。20世纪60年代以前的语言对比主要局限在语音、词汇和句子上的两种语言的对比。但随着对语言与文化关系的深入探讨,人们开始关注不同文化语篇的差异问题。早前有影响的语篇对比研究主要通过对写作的研究讨论语言与思维的关系,它的研究途径就是将两种不同语言的语篇进行篇章结构对比,从中找出语言的文化差异,进而阐述语言和思维的关系这一命题。语篇对比研究中最受瞩目的就是对比修辞研究学派。它以开普兰(R. Kaplan)1966年的文章为起始点,最初主要研究母语文化对外国人英语写作的影响。到90年代末期,对比修辞学已经形成了针对多种体裁、多种语言的跨文化第二外语写作研究,也形成了以应用语言学、篇章语言学、语言相对论、话语分析、文学、翻译等多重理论为基础的研究视角(U. Connor 1996：9)。对比修辞学研究不仅是各种语篇对比理论的交汇点,也在很大程度上推动了语篇对比研究的发展,使语篇对比研究显现出语言科学分支形态的标志。但是传统的对比修辞学把自己的研究范畴限制在研究母语和母语文化对人们学习第二外语写作的影响,较少考虑写作语境。所以,随着语篇功能研究的兴盛,人们已经感觉到了对比修辞学的束缚,认识到语篇对比研究不应局限于对比修辞学涉足的母语文化与第二外语写作关系的研究领域,特别是不能局限于没有语境的写作研究,而应该转向对语篇意图和语篇接受的比较研究,即研究不同文化语篇所体现的人的话语实践。在这一潮流中,对比修辞学自身也在经历着蜕变,也把各种语境因素对第二外语写作的影响作为研究重点,语篇对比研究因此进入到跨文化的语篇功能对比研究(Connor, U. 2004；Bazerman,C. & Prior 2004)。

　　笔者最初接触并深入了解语篇对比研究,始于20世纪90年代初在德国的学习期间。当时,德国大学几乎都开设有篇章语言学课程,篇章语言学研究受重视程度可见一斑。而随着外籍学生的增多,特别是族裔为德国人的东欧地区居民的迁入、土耳其等国的客籍工人在德国定居,德国社会就民族和文化融合问题展开了大讨论,教授们也开始日益重视文化和跨文化问题以及语言的社会功能问题。杜伊斯堡大学米姆教授(A. Mihm)就专门开设了语篇对比研究的课程,讨论的主题涉及第二外语写作、文学翻译、民族叙述等等。其实,德国的篇章语言学研究,除了早期还以语篇语法这类结构主义偏爱的语言学问题为主要的研究对象,20世纪70年代就已在语用学研究的影响下,愈加注重探讨语篇结构和文化语境之间的关系问题,即语篇的功能问题(G. Antos & H. Tietz 1997)。德国语言学家魏因里希(H. Weinrich 1967)就指出:"语篇,确切地说,语境中的语篇是篇章语言学的主要依据,是语言分析的起点和归宿"。这一论断不仅强调了语篇作为语言学研究对象的重要性,也暗合了韩礼德(M. A. K. Halliday)系统功能语言学所突出的语言社会功能的思想。魏因里希这里所谓的"语境"指的就是具体语境和文化语境。讨论文化语境问题当然离不开语篇的跨文化比较,因为文化语境的凸现一般要从外及里才好,否则难识庐山真面目。

20世纪90年代以来,随着东亚和德国的频繁交往,德国针对东方和西方语篇的跨文化比较研究也日渐增多(M. Clyne 1991, 1993; S. Günthner 1993; A. Mihm 1990, 1992)。特别是君特勒(S. Günthner),因为在中国长时间生活过,对汉、德两种语篇的比较研究较为深入,对语篇产生的背景和意图也比其他学者有更深层次的理解。但是,君特勒的研究以及其他德国学者的研究除系统使用了语篇分析方法和把研究领域扩大到了比较修辞学不涉足的领域外,并没有明显地突破开普兰的研究范式,均一致把西方语言语篇认作是直线式思维的结果,以此为正本,再将作为复件的汉语语篇对应上去,从而进一步得出汉语语篇螺旋式思维的证据,最后从东方的情感含蓄和西方的理性直接等所谓传统文化思维的角度对结构差异进行解释。米姆教授对自己和其他西方学者的研究都做过解剖,并一针见血地指出:换个角度,日本人、中国人看我们的语篇也会觉得它不是直线式的(Mihm 1992)。

随着人文学科的"文化转向",语言学中的学科分支——话语分析发展迅猛,针对语篇的社会功能意义进行的语篇分析研究几乎成了语篇研究的代名词,它们多从福柯的理论中汲取营养,揭示语篇中存在着的不平等的社会权力关系,而其中影响最大的莫过于以韩礼德的系统功能模式为基础的语篇功能分析途径(如 N. Fairclough 1989,1992,1993,2003)。所以目前的语篇对比研究更关注以下问题(Bazerman & Prior 2004:6):

1. 语篇关乎什么(What does the text talk about)?
2. 语篇如何影响受众(How do texts influence audiences)?
3. 语篇如何产生(How do texts come into being)?

有两个直接因素促使语篇对比研究转向:一是对特殊语篇语境下多样体裁逐渐增多的认知;二是对写作社会语境不断增长的更强烈的意识。语篇对比研究也因此从主要分析语篇的形式结构和意义,即分析衔接与连贯,走向分析特定语境下的语篇如何构建意义。

新近日益兴盛的批评话语分析理论把语篇看作人的社会认知活动,分析社会文化语境对语篇的构建所产生的影响,分析语篇所构建的话语现实。语篇的这种社会功能分析也是本书采取的分析途径,本书旨在通过汉、德语篇比较,论证语篇使用者在不同的政治文化语境下对话语政治现实的重构问题。选择汉、德企业宣传语篇作为分析语料,而没有选择常规的、直接反映政治文化的社论或者政府文件等语篇,主要基于如下思考:政治文化对语篇使用者的社会行为有极大的约束作用,是构成引起语篇文化差异的一个核心因素,因此只要是用于公共语境的语篇就必然受到其发生的语境的影响。通过对企业宣传这样一种普通的语篇的分析,可以发现语篇使用者为回应环境而遗留的痕迹,即语篇结构最终呈现的某种受特定政治文化语境约束的性状,并重构话语政治现实。为了更好地表达这种映射政治文化语境并重构话语政治现实的语篇结构,本书取名"政治语法"。

"政治语法"概念并非空穴来风,笔者考证,在德语文化里它最早出现在德国作家海森比特(H. Heißenbüttel 1960)的一首诗中,是该诗的标题。在诗中,诗人为回应其自设的标题"Politische Grammatik"(政治语法),巧妙地将被动态、分词等特定的语言结构与人与人之间现实政治关系的变化进行了对应:施为者可以变成承受者,承受者也可以变成施为者。诗人试图通过这种对应说明,现实政治规则与语言规则(语法)有异曲同工之妙,现时政治的手段如同语言语法手段。

政治语法概念中包含两个要素:"政治"与"语法"。但是,对于什么是

政治,汉语和德语中的解释是有差异的。《辞海》(2009:2928)这样解释"政治":

① 经济的集中表现。产生于一定的经济基础,又为经济基础服务,给予经济的发展以巨大影响,并在社会上层建筑中居于统率地位。在阶级社会里,各对立阶级为维护自己的经济利益,彼此之间必然展开激烈的阶级斗争。因此,阶级斗争、处理阶级关系成为政治的重要内容。政治所要处理的主要是国家生活中的各种关系,包括阶级内部的关系,阶级、阶层、各类群体之间的关系,民族关系以及国际关系等,并表现为代表一定阶级、阶层的政党、社会集团、社会势力在国家生活和国际关系方面的政策和活动。无产阶级代表广大人民的根本利益。其政治活动,在夺取政权前,以在无产阶级政党领导下,推翻资产阶级的统治,建立无产阶级专政为目的;在夺取政权以后,则主要是着眼大局,正确处理敌我之间和人民内部两类不同性质的矛盾,大力发展生产力,健全社会主义民主和法制,建设社会主义的物质文明、精神文明、政治文明和生态文明,为实现共产主义创造条件。政治具有强烈的阶级性,一定的阶级的政治,维护一定阶级的利益。

② 指国事。《说苑·敬慎》:"[晋]政治内定,则举兵而罚卫"。

德语《杜登词典》(2005:1221)将"政治"概念释解为:

1. auf die Durchsetzung bestimmter Ziele bes. im staatlichen Bereich u. auf die Gestaltung des öffentlichen Lebens gerichtetes Handeln von Regierungen, Parlamenten, Parteien, Organisationen o. ä ...
(为实现特别是在国家领域,国家、议会、政党、组织等层面的特定目的,以及构造公共生活而作出的行为)

2. taktierendes Verhalten, zielgerichtetes Vorgehen ...
(有策略的、有目的的行为)

此解释也可见其他权威德语词典,如《瓦里希》(*Wahrig*)、《语言大辞典》(*Sprachbrockhaus*)等。查询更早的德语词典版本,这个词的概念变化也不大。实际上,西方语言中的"政治"一词都来自希腊语,初指城堡或卫城,后同土地、人民及其政治生活结合在一起而被赋予"邦"或"国"的意义。后又衍生出政治、政治制度、政治家等词。因此,"政治"一词一开始就是指城邦中的统治、管理、参与、斗争等各种公共生活行为的总和。

我们将《辞海》和《杜登词典》做一个横向比较,发现两者差异较大。

"政治"概念解释的差异从根本上反映了世界观的差异。解释本身已使我们陷入了政治语言的迷雾中,这是因为世界观的不同,对某一概念的语义认识也不同。即使从历时的角度看,汉语中对"政治"一词的解释也是相当不同的。《辞海》(1979:1465)这样写道:

① 经济的集中表现。产生于一定的经济基础,又为经济基础服务,给予经济的发展以巨大影响。在有阶级的社会里,经济利益是各阶级最基本的利益。各阶级为了维护自己的经济利益,彼此之间必然展开激烈的阶级斗争。因此,**阶级斗争、处理阶级关系成为政治的重要内容**。政治所要处理的关系,包括阶级内部的关系、阶级之间的关系、民族关系以及国际关系等。并表现形式为代表一定阶级、阶层的政党、社会集团、社会势力在国家生活和国际关系方面的政策和活动。**剥削阶级的政治以压迫劳动人民、维护本阶级的狭隘利益为目的。无产阶级的政治,是在无产阶级政党领导下,用革命暴力推翻资产阶级的统治,建立无产阶级专政;在夺取政权以后,把社会主义革命进行到底,正确进行阶级斗争,正确处理敌我之间和人民内部两类不同性质的矛盾,在建设高度物质文明的同时,建设高度的社会主义精神文明和高度的社会主义民主,为彻底消灭阶级,实现共产主义创造条件。**

② 指国事。《说苑·敬慎》:"[晋]政治内定,则举兵而罚卫"。

我们把《辞海》1979 年版与 2009 年版的不同之处用黑体标出。1979年版的《辞海》更强调阶级的对立和不可调和性,以及正义性和非正义性,强调政治的阶级斗争性质。两种版本的定义也有共通之处,即政治是有阶级性的,有无产阶级政治和资产阶级政治之区分,因此也都有强烈的意识形态意味。

《现代汉语词典》(2005)对《辞海》中这一定义的意识形态进行了淡化:"政治"指"政府、政党、社会团体和个人在内政及国际关系方面的活动。政治是经济的集中表现,它产生于一定的经济基础,并为经济基础服务,同时极大地影响经济的发展"(《现代汉语词典》2005:1742)。

我们抛开"政治"概念解释中的意识形态内容,不管在德语词典还是汉语词典里这一概念都表明,政治不是狭隘的法规、规定等政府文件,而是组织或者个人为达到某种目的的行为,不仅所有涉及内政和国际关系的活动被视为"政治",而且组织和个人的有目的、有策略的行动也是政治的,这一点在《杜登词典》里给予了特别的强调,也符合我们日常生活中对政治这一词语的理解。同时,《辞海》强调的"政治在上层建筑中居于统率地位"也是政治概念中不可缺少的定义。

政治语法概念中的第二个名词——语法,看似也是一个非常普通的词,但当我们设法进行解释时,发现该词有许多不同的解释。《牛津英语词典》对"语法"一词的解释占三大栏,《杜登词典》也有三栏,我们引证如下:

1. Teil der Sprachwissenschaft, der sich mit den sprachlichen Formen und deren Funktion im Satz, mit den Gesetzmäßigkeiten, dem Bau einer Sprache beschäftigt ...
(语言学分支,旨在研究句子中语言的形式和功能,研究语言的规则和构造)
2. Wissenschafliche Darstellung, Lehrbuch der Grammatik ...
(科学描述,语法书)
3. Sprachliche Struktur, sprachlicher Aufbau einer formalen Sprache ...
(形式语言的语言结构和语言构造)

(《杜登词典》1989:627)

词典从三个方面解释了语法概念:它像语义学、语用学等一样是语言学的一个学科分支;它指汇总语言规则的工具书,比如《杜登语法》、《牛津语法》等;它指语言的形式结构。

语言学界在使用语法这一概念时,表示的意义也不一样。乔姆斯基用语法表示对语言所作的系统的描述,包括语言的语音、语义和句法,所以"转换生成语法"就用以代指这一语言描述的理论和模式。韩礼德也把自己的语言学理论称作"语法",即"系统功能语法"。该理论也不限于我们对语法概念的日常理解和传统认识,语法不仅仅用来指句法、词汇和形态研究,而且指社会语境下的词汇选择和句子建构研究。

《辞海》(2009:2795)将"语法"概念释解为:

① 亦称"文法"。语言的结构法则。包括"词法"和"句法"。一种语言的语法具有一定的民族特点和相当的稳定性。
② 泛指语言系统及其结构法则。
③ 对于形式系统地描述和研究,如果不经过对系统中的符号、公式、公理、定理等的解释,而仅涉及公式的形式结构和订立的形式证明的部分,称为语法。

④ 描述程序设计语言的一组规则。规定构造正确的语句和表达式所需的各种规则。

《辞海》的解释①比较符合我们的日常理解,通常所说的语法就是词的规则和组句的规则,一般包括语素学和句法学两大部分,在语法书上分列成"词汇"和"句子"。这一理解也比较符合萨莫菲尔德和施达科(Sommerfeldt & Starke)下的语法定义:"语法是语言的规则系统,它对语言的形式结构进行规约,语言的最终形式反映了其背后的规则系统"(1998:1)。定义把语法的几个特点全部涵盖,而核心内容是规则对语言使用进行规约,以及反过来看,语言形式是对规则的映射。

我们把"政治"和"语法"两词复合起来,用来表示那些映射现实政治语境、重构话语政治现实的语言结构。本书中,"政治语法"是语篇分析的对象和看问题的视角,我们通过汉、德两种语篇的比较,论证那些映射现实政治语境并重构话语政治现实的语篇结构。论证切入循走的是语篇分析的功能途径。

本书共四章,第一章介绍政治语法研究的源流;第二章讨论基于系统功能语言学的语篇政治语法分析的功能途径和分析方法;第三章实际上是实践篇,通过对汉、德两种语篇的多个样本分析,说明"政治语法"在语篇中的性状,该章主要帮助读者理解语篇功能分析的过程;最后,我们认为有必要对分析进行总结,并指出分析中遇到的问题,这些思考形成了第四章的内容。本书的基本观点和部分内容基于本人的博士论文《汉德宣传性语篇结构差异的政治语法因素——汉、德"企业介绍"语篇研究》。博士论文完成时间是 2009 年,几年过去,随着我对政治语法的功能性研究认识日益深入,除了语料外,其他的很多内容都开始重写,本书更加突出语篇差异的政治语法因素,更加注重政治语法研究的语篇功能分析途径。另外,本书的部分内容在国内外期刊上发表过,但本书没有把它们直接搬上来,而是依据本书的思路进行了必要的改写。由于在我国汉、德语篇比较的著作还相对较少,少量涉及汉、德语篇分析的著作也多为概论之类介绍性的书籍,本书把重点放在实证研究上,介绍的成分少。我们希望按照国外学术著作的做法,比较详细地展示汉德语篇比较的理论方法和实例分析,使学习者也能看到分析的过程和理论的实际运用。

　　最后,我想借此机会感谢帮助过我完成此书的人。首次系统学习功能语言学是在攻读博士学位的时候。我的导师陈建平教授讲授社会语言学中的各种理论思潮,这些理论都把社会因素影响人的语言行为作为研究的出发点和归结点,而陈建平教授特别指出针对政治文化语境中语篇结构和生产的功能分析的重要性。博士学习期间,我得到国家留学基金委的资助,到德国帕德博昂大学学习和研究,这一年时间我一直住在魏斯格贝尔(L. Weisgerber)的弟子阿斯赫耶(H. Assheuer)教授家,得以经常向他求教"内容相关语法"的深奥内容,并最终领悟到该理论精神的一点皮毛。在帕德博昂我还结识了语言学家、汉学家帕歇斯基(F. Pasierbsky),通过和他每周一次的学术谈话,我对汉、德语篇本质差异的认识逐渐清晰,并首次接触到了"政治语法"这一概念,最终认定,"政治语法"概念最能表达我一直想说的观点,并且它可以更精确地表达对不同政体下产生的语篇进行的功能分析。

　　本书得到广东省"211 工程"三期重点学科建设项目"全球化背景下的外国语言文学研究丛书"的资助。

第一章

政治语法研究的源流

　　我们这里讲的政治语法研究的源流,特别指德国学者针对政治语法的一系列研究和思考。政治语法研究都会涉及语言、思维、现实三者之间的关系,因为政治语法研究想要弄清楚,我们使用怎样的语言结构来映射现实政治语境的问题,以及我们使用怎样的语言结构重构话语政治现实的问题。而谈到对语言、思维和现实的关系的研究,人们通常都会提到洪堡、沃尔夫,鲜有人提及魏斯格贝尔(L. Weisgerber)。这也难怪,在中国不仅魏氏的著作没有被翻译过,而且有关其理论的介绍和评论也很少,国际上亦然。即便在德国,魏氏的影响也仅局限于日耳曼语学领域。但是,我们今天就想从魏斯格贝尔和他的内容相关语法开始讨论德国语言学中的政治语法研究传统。因为魏斯格贝尔在当代德国语言学发展过程中起到了承前启后的作用,要理解当代德国语言学中的社会批评思潮、德国语言学的功能研究以及政治语法研究,再次审视魏斯格贝尔理论中对所谓的"语言的精神一面"(die geistige Seite der Sprache)的研究,以及他之后的德国语言学对语言与现实政治语境关系的研究是很有必要的。

1.1　内容相关语法的理论实质

　　我们首先要说明,魏斯格贝尔并没有在他的著作里提及政治语法这一概念,他提出的是另外一个概念,即所谓的"内容相关语法"(Inhaltsbezogene Grammatik),并在多本著作中对其进行阐述。我们在关于政治语法的研究里提到魏斯格贝尔的"内容相关语法",并要重点阐述,不是牵强附会,而是源于"内容相关语法"和"政治语法"两个概念之间存在许多共通之处,它们都把语言的社会功能意义放在重要的位置,同时政治语法也把内容相关语法有关语言民族精神的核心理论作为研究的起始点和终点。根据魏斯格贝尔以来的研究,它们之间有一种继承关系,所以我们必须先阐述魏斯格贝尔的思想。

魏斯格贝尔为什么要提出"内容相关语法"这一概念? 事实上,魏斯格贝尔一直设想在继承赫尔德和洪堡思想的基础上发展关于语言力量的哲学,并且为这一哲学寻找一个恰当的概念。他的一系列著作也主要围绕语言的创造性力量进行阐述。其四卷本著作 *Von den Kräften der deutschen Sprache* (《论德语的力量》)(1962)分别涉及"内容相关语法的基本理论"、"语言对世界的构建"、"母语在文化中的作用"以及"德语的历史精神"等,其中解释语言内在形式(innere Form)的所谓内容相关语法是其语言学理论的核心。

魏斯格贝尔认为,其时的针对词类(Wortarten)、构词法(Wortbildungs-lehre)等传统语言学研究只是看到了语言的表象,是对语言形式规则的描述和归纳,并没有对语言的意义系统进行解释,也就没有深入到语言的本质,即无法回答语言和民族精神以及现实之间的关系问题。内容相关语法的研究把语言的认知功能放在首位,这与当时语言学注重语言的形式,将语言定义为表达或者理解的介质,显然有很大的不同。

要全面理解内容相关语法的实质,实际上就是要能澄清魏斯格贝尔对洪堡提出的几个概念所进行的进一步解释:

"世界观(Weltansicht)是语言内容的填充物,应被视为产品(Ergon),即不管从状态的静态观察角度,还是从其作为世界的反射或者再现的角度上看,它都是一个结果。但是该认识只是看问题的一个必要的中间过渡。如果从精神创造(Energeia)的角度看,世界观就不是静态的,而是持续的现实,并且在语言社团中总是变化着的。世界观的这种特点决定了它不是事物的简单映射,也不是它的镜像,而是人之精神创造的显现"(Weisgerber 1962:17)。

在此,魏斯格贝尔试图说明语言的表象和语言的内在形式之间的关系。既然内容相关语法研究的是语言的内在形式,那么这一研究的性质就是：

"从精神创造的角度观察内在形式,即在分析单一语言和语言现象之时,要把语言对世界的精神构造和转变放在首要的位置"(Weisgerber 1962：17)。

根据魏斯格贝尔所言可知,他在区分语言产品(Ergon)和精神创造(Energeia)的同时,也区分了世界观(Weltansicht)和内在形式(innere Form)。世界观即是在内在形式作用下的、可以确认的结果。世界因此不是仅仅在语言中被简单地再现,而是通过语言才得以成形和塑造。为此内容相关语法着力于研究"语言中间世界"(sprachliche Zwischenwelt)。该语言中间世界介于主体与客体、人与外界之间,世界的流动变化过程穿越其中,使之成为一种永远创造不息的力量。因此,内容相关语法理论实际上承认社会意义在语言中沉淀后,形成了有生命力的语法结构形式,从而在人们使用语言时发挥作用,进一步影响人的思维和行为。

以上述认识为基础,内容相关语法对语言产品进行具体分析时,把语言研究分为四个阶段:第一阶段是所谓"音形相关的观察"(lautbezogene Betrachtung),它是按照传统语法研究的惯例对语言形式结构层面进行的研究,即对显现在语言材料表层的语音、文字和句子组成成分现象进行归纳,注重收集和归纳语言材料,以便指出语言的标准呈现样式,并据此制定语法规则和编纂词典,这其实也是欧洲语文学通常采用的方法;第二阶段则在词场内对词汇的内容构造进行描述,以便确定词汇间内容的相关性,采用的方法是语义学中常用的词场方法,对词按照意义进行分类。这一阶段被称作"内容相关的观察"(inhaltsbezogene Betrachtung);第三阶段是所谓"功效相关的观察"(leistungsbezogene Betrachtung),在前两个阶段的基础上,研究语言中一个民族关于世界的看法,并分析语言为适当场合下的使用提供了哪些可能性。该阶段的研究旨在描绘出语言使用的指南,因此是该理论的核心部分,因为它指出了人们在使用中如何针对意义对形式进行选择,以及语言在使用中如何发挥作用;最后的第四阶段是"作用相关的观察"(wirkungsbezogene Betrachtung),它结合前面的分析结果对语言如何影响语言共同体族群的生活进行进一步论证,旨在观察语言在整体文化构建中的作用。

　　我们不难发现,魏斯格贝尔的研究方法直接源于研究对象本身,并没有特意创制一种语言分析系统和概念系统,因此明白易懂。魏氏自始至终也主要通过来自德语的具体实例说明自己的思想。下面我们就通过魏氏的个案研究阐述他理论中涉及的对语言重构政治现实的研究。

1.2　非人道的第四格

　　魏斯格贝尔通过一系列针对德语语言现象的个案研究为其理论找寻依据,因为他认为,"只要找出有说服力的例证,就可以获得有关内容相关语法的基本知识"(Weisgerber 1962：37)。他在 1957/58 年发表的论文"Der Mensch im Akkusativ"("第四格中的人")中对德语中"第四格替代人称第三格"的发展趋势进行了分析。在观察词汇语法特征和词与词之间关系的变化基础上,他指出,由于社会的变迁,涉入事件的人的性质在当代德语中已经发生了变化,从语言上看,句子中处于宾语位置的"人"(即受益人)越来越多地从第三格宾语变为第四格宾语(Weisgerber 1957/58：265)。有鉴于此,内容相关语法研究的第一步应该考察该现象在语言中是否呈现一种巨量的状况。要做好这第一步的研究,首先应该对所有及物动词的状况进行统计,然后对现代德语构词情况进行分析。魏斯格贝尔根据研究发现,时间变迁,新词的构造已经产生变化,有些前缀或者后缀不再具有产出的力量(produktive Kraft),如词缀 ge-和-igen 等在新词构造中已经不再被采用。相比之下,另外一些词缀,特别是某些前缀则在构词上发挥着越来越大的作用,例如前缀 be-可以使名词变为及物动词,不及物动词变成及物动词,形容词变为及物动词,它因此成为支配第四格宾语动词形成的主要语言源泉。在这里,内容相关的语法研究与传统语言学仅仅进行的对单一词汇意义的解释不一样,它分析的是词汇的内在精神,因此要求对所有几百个可能相关的词汇的意义进行辨析,旨在发现语言中存在的意义视角,而从语言结构的角度看,就是要发现词格(Wortnische)的意义,即发现那些没有在形式上标记出来的,但是却存在于许多词中的共有意义。例如与前缀 be-构成的新词都具有同样的语法特性,所以就形成了所谓的词格,也都有了共同的意义,即在造词时都赋予"给人附加上……"(jn. mit etwas versehen)的含义。当然,做出以上的分析只完成了语言形式分析任务的第一步,因为它只是对语言现象的总结,并没有对构词后的内容进行分析和解释。魏斯格贝尔认为,应该在"内容相关观察"(inhaltsbezogene Betrachtung)的基础上进一步研究分析语法的作用。为此他举出以下的例子以解释语法的作用:

例 1-1:Der Kaufmann liefert dem Kunden die Ware. (商人给顾客送货。)

例 1-2:Die Firma beliefert den Kunden mit Ware. (直译:公司送顾客货。)

按照魏斯格贝尔的分析方法,先按照内容相关的观察对两句进行分析。两句形式上有所变化,第一句中动词要求接受者(人)为第三格,所以名词(接受者)是第三格;第二句中动词 beliefern 是由动词 liefern 加前缀变化而来,从 liefern 到 beliefern,动词的支配性质起了变化,它在语法上要求接受者必须是第四格。因此从内容相关观察的角度看,两句在内容上没有明显差别。

在对语言现象的形式和内容分析后,那么按照我们上面说的,要分析语法的作用,就必须询问,如果通过语言的运作将人置入第四格宾语的角色,会发生什么? 回答这个问题就要解剖语法格的意义,是功效相关观察的任务。魏斯格贝尔自己这样解释语法格的意义:

"第三格时,人是事件的中心,他因此被以人相待。在第四格时,他成为被控制的对象,成为精神暴力的实施对象"(Weisgerber 1957/58:271)。按照魏斯格贝尔的观点,处在第四格的人如同被视作无意识的物,可以被任意处置。即语言上通过第三格到第四格的转换,使人变成了可以被处置的物体,被强迫的接受对象,由此所实现的精神效果在本质上是语言造成的。这种从第三格向第四格转换的趋势反映的是社会政治思潮的变化。政治的本质是对他人的控制,第四格正是这一意义的语法呈现。

前缀 be-的研究举例是内容相关语法研究的一种基本分析研究模式。该研究的突出特点在于分析语言中存在着的或者正在形成的观念,探寻语言结构如何反映和固化社会意义,然后进一步探讨这样的语言可能对人的生存和行为带来的影响。魏斯格贝尔因此特别强调语言"主动性一面"

(aktive Seite)的特性,因为人们在语言使用中顺着某一语言现象之势,在语言系统的规约下,造出同类型的、无数的、相似意义的词汇和语法。随着现代语篇中第四格越来越广泛使用,其他的相应语言要素形式也在悄然变化,它们不仅反映了人的思维变迁,同时随着它们在语言中的巩固而开始对人的社会生存和社会行为产生影响,因为人们必然更加接受其中传递的观念,从而不自觉地受到这种社会生活中通行的饱含政治文化意义的语言的影响。例如日常生活中,人们如同受到语法规则的限定一样,日益接受管理机构的支派,成为驯服的管理对象,好像文件一样被管理机关分门别类地放置在文件夹里,同时习惯通过广告接受机构安置给自己的身份,并因此决定自己的购买行为,逐渐丧失独立性、批判性和决策能力。语言在其中起到很大的作用,而这种语言被人为地、有针对性地、策略地使用,因此是政治的,因为它建构了一种支配和被支配的人际政治关系,并且它所产生的影响往往不被语言使用人所察觉。

内容相关语法认为,语法是历史发展的产物,是人类思维方式以及民族的精神藉以进入语言的路径,并因此聚合出代表社会文化思潮变迁的一种影响人思维和生存方式的意义,体现人对自己的塑造。以上分析的动词的形成,以及动词及其支配的格的历史变化就是德国民族思维变化的证明。它还说明了某种政治文化思潮对语言使用的影响,以及反过来,这些固化了的结构对人的思维方式和行为方式的影响。

1.3 政治语法研究的形成

内容相关语法理论在德国一直有很大的影响,特别是其中关于现代德语语法里存在着的支配性特征具有被强化的趋势的看法一直伴随着德国的语言学研究,这里除了对第三格到第四格变迁的趋势研究,还有关于德语动词配价之强化特征的研究等。研究的重心主要与现代德国特殊的政治历史状况有关(纳粹政权、东西德分裂、德国重新统一)。特殊的政治历史因素和哲学背景使德国语言学一直重视语言对人的影响和塑造的研究,挖掘以德语为主要研究对象的语言的内在含义,并最终形成了对社会权势思维批评和语言批评的政治语法研究。

纳粹时期,语言学家克伦佩雷尔(Klemperer)因自身的犹太血统而对纳粹的语言体会甚深。纳粹上台伊始,克伦佩雷尔的称谓就从"教授"(der Professor)变成"犹太人"(der Jude),并被禁止在大学从教,甚至禁止进大学图书馆。但是,他自己从来没有放弃一个语言学家的责任,在极端的条件下坚持对当时的语言状况和人们的语言行为进行观察和分析,写成几大本日记。他的日记最后结集出版,成为研究第三帝国语言的经典著作(Klemperer 1990 LTI)。

我们通过克伦佩雷尔的研究能够感性地认识到,纳粹宣传机器在夺取和巩固政权以及在进行种族灭绝和迫害异己的过程中,通过赋予某些普通词汇以特殊意义、制造新词或者对词进行组合,达到推行纳粹意识形态的目的。克伦佩雷尔的研究是一项关于词义政治内涵的研究。

克伦佩雷尔通过日常生活中的语言观察到了纳粹分子利用语言建立自己的意识形态,而"这样的、带某个社会团体意志的语言,在政治权力的作用下成为整个社会的语言,即它占据了所有的公共和私人生活领域:政治、法律、经济、艺术、科学、学校、体育、家庭、幼儿园和托儿所"(Klemperer 1990:25)。思维控制是语言控制的目的和结果,语言控制即是占有语言的使用意义,以此来改变整个社会成员的行为和思维:普通德国人通过反犹词汇的使用不自觉地变成了纳粹分子或者亲纳粹分子;犹太人自己则不知不觉也接受了这些词汇,使用这些词汇,在语言、行为和思想上被人驯服;反法西斯人士在进行反希特勒的活动中也使用和纳粹一样的宣传语言。

语言发挥了它的主动性一面,从而创造政治现实。明显的例证就是纳粹围绕着"犹太人"(Juden)制造的一系列词汇:"Volljuden"(全犹太人)、"Halbjuden"(半犹太人)、"Mischlinge ersten Grades"(第一代混血儿)等(Klemperer 1990:25)。通过这些词汇人们开始建立起了相关的概念,并将这些词和其代表的概念意义与这些被指的人画等号。顺序是:语言—概念—现实。也就是说,语言的现实成为现实的世界,犹太血统的人在现实中被概念化和陌生化,从一个和普通德国人没有外形区别的、从事同样职业的、和邻居一直和睦相处的德国公民,变成了可以被分门别类置放的物体或者文件,并打上了和德国人区别的标志(例如"犹太星")。先从语言开始的差异制造了思维的差异,并最终造成了社会政治现实的差异。

语言对人的影响的研究,在东西德统一后又一次掀起高潮。原因是:东西部的德国人虽然都说德语,能够相互交流,但却相互不能理解。梯尔泽(Thierse 1992)在一次发言中指出:两德语言的主要差异不是因为产生了新的语法和词汇,而是语言使用的差异,即由词汇选择、修辞风格所决定的表达方面的差异。语言符号形式虽然一样,但是由社会规约决定的意义却不一定一致,因此语言使用的差异是基于不同的社会政治体制,也就是语言和政治之间的关联(Schiewe 1998:259)。

又是克伦佩雷尔(1954)激起了关于东西德语言差异的政治因素的讨论。克伦佩雷尔在德国分裂后选择在东德生活,有了对纳粹时代生活的深刻体验,他敏锐地觉察到了两德由于制度不同语言所发生的变化,预见性地指出:"这里说东部德语","这里说西部德语"。我们尝试把当时东西德的词典进行对比,可以发现政治对语言的影响力有多么大。

西部《杜登词典》收入了"空中桥梁"(Luftbrücke)、"迁居者"(Übersiedler)、"家庭团聚"(Familienzusammenführung)、"紧急收容所"(Notaufnahmenstelle)等等。这些词的内涵和外延大不一样,都有所特指。"空中桥梁"指当初西方国家为打破苏联和东德政府对西柏林的陆上封锁,开辟空中走廊向西柏林运送食品的事情;"迁居者"指离开东德的德国人,多指那些通过各种途径逃离东德的人;"家庭团聚"指东德人以家庭团聚的名义申请到西德;"紧急收容所"主要指收容逃往西德的东德人的临时场所。

东部《杜登词典》收入了"背叛共和国"(Republikflucht)、"国家公敌"(Staatsfeind)、"阶级敌人"(Klassenfeind)、"蛊惑者"(Rattenfänger)等。我们看到,对于同样的事情两个德国用词完全不一样。西德把从东德进入西德的东德人称为Übersiedler,好像本国的公民从一个城市迁到另外一个城市。而在东德,如果没有获得批准擅自进入西德,就是跨越国界背叛共和国,是一种犯罪行为,要受到严惩。东德的《杜登词典》中,"阶级敌人"和"蛊惑者"也主要指西德和美国等西方国家,因为东德政府认为,正是由于西方的煽动,东德人才不顾一切地逃往西方。

　　政治制度的不同影响了语言的使用,我们赞同梯尔泽的观点,政治制度构成语言使用的条件。当初东西德的语言使用状况正体现了这一意义。东德受苏联的控制,在政治、经济等方面都和苏联保持一致,政治体制体现为单一性、绝对性和排他性。东德的官方语言是社会语言生活的唯一参照标准。为维护语言使用标准的唯一性,东德有专门的检查机构,有统一的语言使用规范指南。与此相比,西德推崇多元化的社会发展理念,政治包容性强,语言使用也因此呈现丰富多样的现象。

　　除了政治制度对语言使用有影响外,伴随着现代社会发展的科技也强化了对语言的影响,并塑造语言使用人本身,人随着语言日益被异化。柯恩(K. Korn 1962)对公共机构的用语进行了研究。他认为,管理机构的话语中人是作为驯服的对象出现的。因此有了对人按各种类别的划分:Hundinhaber(狗的拥有人)、Lehrbeauftragter(直译:授课委托人)、Kursteilnehmer(直译:课程参加人)等。特别值得注意的是,这些词汇表现出典型德语结构特征,即将两个分属不同属性类别的概念通过形式结合在一起,成为一个独立的名词,例如 der Hund(狗),der Inhaber(拥有人)组合成 der Hundinhaber(直译:持狗人)。在别的语言里可能就需要借助介词等连接。这一点正是魏斯格贝尔特别指出的德语的创造性特点,因为它使两个不同的概念结合成一个概念,并在形式上也使它们成为一个词。类似的语言现象还有现代语言中出现的越来越多的功能性动词,即动词在一个短语中只起到能动的作用,但是本身没有含义。柯恩认为这是现代社会逐渐单一、没有个性的表现,更表现了人对事物的任意处置。而这样的语言已经进入到日常生活中,开始对人产生影响。类似的还有针对所谓"塑料"词的研究。随着科学技术的发展,越来越多的技术术语进入日常生活:Zentrum(中心),Information(信息),Struktur(结构),Strategie(策略)等。这些词看起来很有含义、很宏大、很普遍,但是仔细一想,却不知道它们的确切意思,因为它们的内容是空洞的、难以把握的(Pörksen 1988:17)。之所以称其为"塑料"词,是因为它们就如塑料一样,被广泛使用,到处使用,不分场合使用,从而把语言变成了没有内容的形式,这样的语言在日常生活中影响着人们,人的思维也没有了内容。塑料词显示了公共机构从语言上对人进行奴化和控制的现象,反映了精英阶层的政治意图。

德国学者对语言社会功能的研究、语言影响人的研究可以说涉及到语言的各种使用场景。这些研究始终伴随着一个思想:语言中存在着某些表达人与人之间权力关系的特定语法结构。克伦佩雷尔对纳粹时代语言的研究、针对两德语言使用差异的研究以及"塑料"词研究都试图说明语词的政治权力意义。帕歇斯基和瑞查特(Pasiebsky & Rezat)在他们的书中把审视这种"呈现了现实世界的社会政治关系结构的语言结构"的研究称为"政治语法"研究(Pasierbsky & Rezat 2006:263 - 266),并且意图根据德国的语言学研究传统建构政治语法研究视角。这里,帕歇斯基和瑞查特采取了和魏斯格贝尔相似的观察方法,即从传统语法理论的角度理解我们语言的整个形式系统,然后从语言功效的角度解释语言的使用意义,即在观察语言现象时,要分别运用三个语法视角:学校语法、心理语法和"政治语法"。他们以布莱希特(Brecht)的诗"一个读书工人的问题"中的一个句子为例,解释了三种语法视角。

该诗中的句子为:"Cäsar schlug die Gallier"(凯撒打败了高卢人)

学校语法解释:

该句是一般陈述句,由以下部分组成:

CÄSAR　　　　　专有名词、主语、第一格、单数

SCHLUG　　　　动词、过去时、直陈式、主动态、第三人称、单数

DIE GALLIER　　专有名词、宾语、第四格、复数

心理语法解释:

通过动词的语法形式(schlug)表示发生的战争事件,其意义为:

——战争事件被表示为一个动作(动词),而且是主动的活动(主动态)。

——战争事件被渲染为一个人的活动,即凯撒(单数,战争事件拟人化)。

——战争行为被描述(过去叙述式)成一个真实发生的事实(直陈式)。

主语(单数第一格)和宾语(复数第四格)的形式以及动词的主动态表示战争活动是由凯撒一个人实施的,并由他决定战争,其活动对高卢人(复数,行为承受者)产生作用。

政治语法解释：

该例中，通过动词（行为活动的语言形式）确切地表达了一次战争事件，但是我们通过生活和历史常识知道，许多人参与了那次战争，参加的人有士兵、泥瓦匠和厨师等（复数），只是他们被语言"忽略"，再找不到这些人的存在了。教科书中，该次战争被刻意表现为一个人的战争，语法上相对应的是单数。而这个"伟人"又是历史的行为主体，战争成为他的个人活动，语法上使用单数动词与之对应。英雄个人创造了历史，成千上万的老百姓则不足以道。在这里，语法起了构建作用，即通过单数的形式突出一个人的力量，而将其他成千上万的人从字面上抹去，也从人类的历史和记忆中抹去。

帕歇斯基和瑞查特延伸了德国语言文学中对人类历史思维的批判，更把承载人类思维的语言作为批判的对象。从政治语法的视角看，布莱希特诗中揭示的语言结构与民族文化中形成的思维结构以及人的社会行为意识紧密相关，即某个语言共同体的人们在长期的社会化生活过程中，把基本的社会行为方式以及对世界的理解通过语言的形式固定了下来，构建起了话语的世界，同一社会成员在接受语言（词汇、语法等）的同时也接受了被语言固化了的社会准则，并因此呈现同样的社会行为。这样的语法结构一直伴随着人类，是人藉以生存和行为的手段，同时也是支配和控制的手段。

帕歇斯基和瑞查特对语法结构的研究采用的是与魏斯格贝尔相似的研究方法，即首先分析语言的形式结构，并称之为"学校语法"的观察方法；然后分析该结构的语义，是所谓"心理语法"的观察方法，其实就等同于魏氏称谓的"内容相关的观察方法"；最后的"政治语法"观察方法等同于魏氏的"功效相关"和"作用相关"的观察，它试图解释语言和现实世界之间的关系。

1.4　小结

从内容相关语法到政治语法，德国语言学一直以洪堡的思想为指导，关注语言的"民族精神"的问题,其中一个很重要的主题就是研究语言如何为政治服务。内容相关语法把语言看作是文化的容器,语言之中蕴藏着民族的思维,分析语法的目的是为了勾勒民族文化的整体结构,当然也包括该民族的政治行为。政治语法则把焦点放在了对现代语言中包含的人与人之间的政治关系的分析之上,并把社会权势对语言的占有放在语言研究的首位。政治语法研究因此与英美兴起的批评话语分析有异曲同工之妙。

德国的政治语法研究虽然开始得早,但是在国际学术界的影响却不大。原因有二:一、德语作为科学语日渐式微,连德国人自己都很少用德语发表有价值的学术论文。懂德语的人少,自然接受德语语言学理论的人也少;二、德国的政治语法研究过于拘泥于词汇语义的研究,在语言学的语用学转向、认知学转向、文化转向中似乎都慢了一拍,以至于没有跟上语篇功能研究的步伐。而第二点应该是最为致命的,因为没有一个重要的理论作为依托,将很难形成系统的研究。英美国家则不同,话语分析理论的兴起全面抛弃了仅仅对语篇的结构分析,而把语篇作为话语实践的结果,从社会语境的角度观察语篇、分析语篇,语篇分析的意义大不同,不是僵硬地研究连贯、衔接和修辞,而是揭示语篇所包含的社会意义,更贴近人的生活,更关怀人性,也因此更符合现代人对自身生存环境认知的渴望。

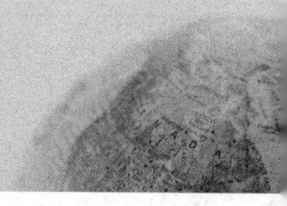

第二章

语篇对比研究的功能途径

上章主要对政治语法研究在德国的形成轨迹进行了粗线条描绘。德国的政治语法研究始终关注"语言如何为政治服务",它的发展与德国的现代历史密切相关。但我们也看到,德国的政治语法研究还只是拘泥于对现象的陈述,很重要的原因就是它缺乏一个强有力的理论的支撑。对政治语法的研究,从本质上看,是对语篇的功能分析,因为它研究语言如何映射现实政治语境,并重构话语政治现实。韩礼德的系统功能语言学便适合对这一问题进行探讨,因为系统功能语言学研究的就是社会语境下语篇结构的功能,即语篇如何完成社会功能。

本研究以系统功能语言学理论为指导,希冀借助该理论从分析政治语法的角度入手,揭示造成汉德语篇差异的那种映射不同政治文化语境以及重构话语政治现实的语篇结构,所走的是一条语篇功能分析的途径。从该意义上看,此项研究也是通过系统功能语言学理论审视政治语法概念是否成立,即人们构建宣传性语篇的过程中是否受制于所处的特定现实政治语境而在语言上作出对应的反应,并运用某些语言手段重构话语政治现实。

本章分为两个大的部分:第一部分对以系统功能语言学为基础的语篇分析研究框架予以阐述;第二部分根据理论框架阐释本研究的分析范畴。对系统功能语言学理论的回顾和讨论主要以韩礼德(1994/2000;Halliday & Hasan 1989;Halliday & Matthiessen 1999)和其他系统功能语言学学者(Eggins & Martin 1997;Martin & Rose 2003)的著作为基础。

系统功能语言学的语篇分析框架

    系统功能语言学的语篇分析框架也构成本研究的理论研究框架,以下将用两个章节对本研究的这一理论框架予以阐述。第一节主要结合系统功能语言学的语言功能观阐述语篇的功能分析思想;第二节阐述系统功能语言学针对语言和语境关系问题构建的语篇分析框架。

2.1.1 系统功能语言学的功能观

    系统功能语言学的理论模式和研究方法是一般性的、普遍的,它比其他任何语言学框架都"更适合用来分析语篇"(黄国文 2001b:1)。系统功能语言学的创建者韩礼德在他的书(1994/2000)中就开宗明义地指出,他建构功能语法的目的是为语篇分析提供一个理论框架,这个框架可用来分析英语中任何口头语篇或书面语篇。我们从韩礼德的几本主要著作(1978,1989,1994/2000)和其他系统功能语言学学者的实践中也能发现,"系统功能语法是一种可操作性强、实用性强的语篇分析理论"(黄国文 2001b:1),而且"功能语篇分析的最终目的是对语篇进行评估,评估的重点是语篇在交际情景中是否合适地起到了作用"(黄国文 2001b:1)。在韩礼德思想的影响下,系统功能语言学不断发展和完善,并提供了一个比较完整描述语言各个层次及它们之间的实现关系的语篇语法。

    系统功能语言学以语篇作为研究对象,因为语篇就是使用中的语言,通过语篇的功能分析,"可以揭示人们是怎样在特定的社会文化环境中通过语言使用来做事,因为语言是做事的一种方式。通过分析语言使用,我们也能看到语言(语篇)与社会中人与人之间的关系以及语言与社会体系之间的相互关系和相互作用"(黄国文 2007:15)。

    语篇的功能分析必定涉及到语篇的各个层面及其之间的关系,系统功能语言学因此被公认为语言(语篇)的功能语义研究,因为它研究的就是形式表达的意义和语言的使用。系统功能语言学对语篇功能分析的认识基于下面四个针对语言的判定(Eggins 1994):

1. 语言使用是功能的；
2. 语言的功能是创造意义；
3. 语言所创造的意义受社会和文化语境的影响；
4. 使用语言的过程是一个符号过程，即通过选择创造意义的过程。

基于此论断，系统功能语言学研究也是功能的，其语言功能研究途径包含两个主要方面：一、对语言提出相关功能意义问题，即人们怎样使用语言？人们使用语言创造多少种不同的意义？功能语言学家们相信，语言满足的是交际功能，贯穿其中的交互过程意义是相互协调的。所以系统功能语言学研究注重现实语料的研究，对这类研究来说，来自日常社会交往生活的语篇就是最好的研究素材。它由此使自己显著区别于形式主义的语言研究途径，形式主义的语言研究途径注重语言的语法形式的一面，忽略语言在现实语境下的使用功能和意义。二、持功能看法的研究者从功能的角度阐释语言系统，提出的相关问题是：语言怎样为使用而构造。韩礼德（1994/2000：F39）指出，语言是为了满足人类的需求，其组织的方式针对这些需求。语言都是围绕着一小部分的"功能成分"组织起来的，它们构成语言的元功能。任何语言的语法经过长年的发展，目的都在于满足人类的需求。韩礼德还指出，语言的这一功能塑造了语言的性状和固化了语言的发展进程。该种意义构成功能语法理论的基石（Bloor & Bloor 1995，2001：9）。

系统功能语言学的语篇功能研究途径，或者说它提出的两个语言功能性问题，即"语言使用创造了多少种不同的意义"以及"语言怎样为使用（创造意义）而构造"，实际上把语言看作是一个意义系统，伴随着这个系统的是用于体现意义的形式。按照日常理解，语言创造的所谓意义不计其数，如果不能进行抽象归纳，这些所谓意义也就没有了"意义"。为此，韩礼德（1994/2000）确信，语言被构造主要是为了创造三种意义，他指出：

All languages are organized around two main kinds of meaning, the "ideational" or reflexive, and the "interpersonal" or active. These components, called "metafunctions" in the linguistic system of the two very general purposes which underlie all uses of language：(i) to understand the environment (ideational), and (ii) to act on the others in it (interpersonal). Combined with these is a third metafunctional component, the "textual", which breathes relevance into the other two.

（Halliday 1994/2000：F39）

韩礼德认为,所有语言都围绕"概念的"(反射的)以及"人际的"(交互的)两种主要意义构建,该两种意义被称为"元功能"。人们使用语言来理解环境(概念的),并对外界进行反应(人际的)。当然这两种意义要被组合成语篇,这就是语言的第三种元功能"语篇功能"。韩礼德通过对语言元功能的阐述区分了语言的功能意义。

在系统功能语言学的语言功能思想基础之上,功能语言学的话语分析理论(Martin & Rose 2003)从人们使用语言目的的角度,对语言元功能的社会性质进一步地明确:语言系统的存在为了满足人在现实生活中之所需,要完成三个社会基本功能,即我们使用语言为了:1)相互展示自己的经验;2)建立社会关系;3)将以上体验过程和构建行为转换成有意义的话语。为完成这三个社会基本功能,语言提供以下相应的机制:

- 概念功能(ideational)表达经验
- 人际功能(interpersonal)构建关系
- 语篇功能(textual)组织语篇

语言使用中,三大功能交织在一起,我们因而通过语篇同时实现三个社会基本功能。换句话说,我们可以从三者中的任何一个角度观察语篇话语的任何一个部分,识别出不同意义模式的功能差异,并实现我们的语篇分析目标。之所以如此,缘于语言是一个语义系统,一个约定俗成的、作为选择集组织起来的编码系统(Eggins 1994：3)。

2.1.2 基于语域与体裁理论的语篇功能分析途径

语域与体裁理论(Eggins & Martin 1997：register and genre theory，R & GT)作为语篇功能分析的理论依据是以韩礼德的系统功能语言学为基础的,其目的是研究交际中的语言(语篇),涉及语言与它的使用语境(社会)之间的关系。该理论认为,我们讲的和写的语言将随着情景的变化而变化,研究语言就是发现控制这些变化的一般规则,进而了解什么语境因素决定什么语言特征(胡壮麟,朱永生,张德录 1989)。根据韩礼德的思想,不少学者,如 Martin(1992)、Eggins(1994)、Munday(2001)等,成功地运用图示将体裁与语域的语篇功能分析模式表示出来,它们之间大同小异,其中 Munday(2001,见张美芳 2005:23)的最为直观:

图 2—1:体裁和语域与语言的关系

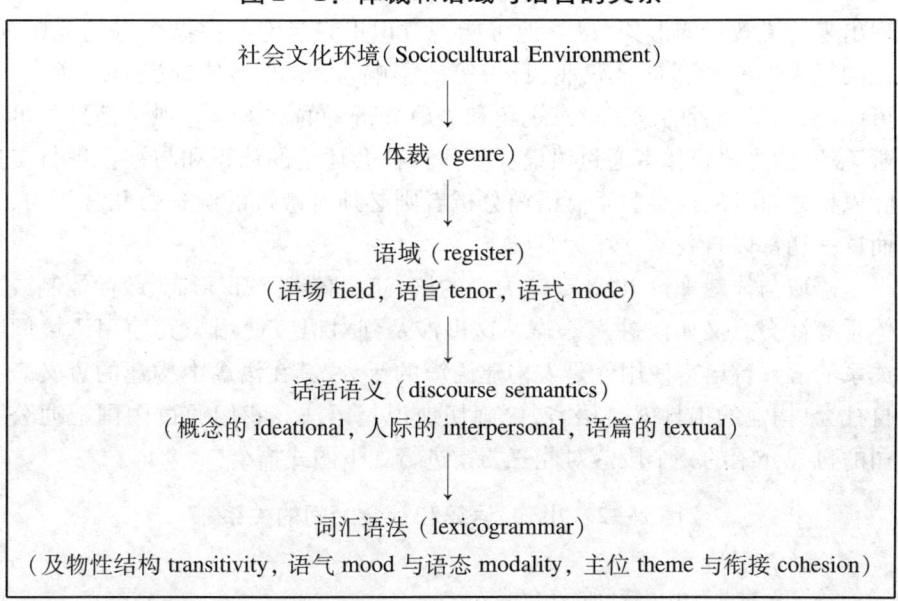

如图所示,语域与体裁理论(R & GT)旨在解读语篇构型过程中的语义层次和它们之间关系的实现过程,图 2—1 可以从上往下读,也可以从下往上读。从上往下读,是从语境的视角看文化以及具体环境在语篇(语场、语旨、语式)中的意义(概念、人际和篇章)实现;从下往上读,是从语言的角度来看语言形式的选择实现的概念、人际和篇章功能所构造的不同的语场、语旨和语式类型,以及最终形成的语篇体裁。语言学之于语篇的分析方法一般是从下往上读。

在这一模式中,社会文化处于最顶端,隐喻文化超越一切,构成对人的行为约束的框架。社会文化和具体语境其实就是我们所说的"社会",其核心是社会中长期以来形成的政治体制。对此语域与体裁理论(R & GT)指出,语篇反射社会语境,其中可见一个更为抽象的社会要素,它关乎参与者在话语中的权力地位、政治倾向、社会行为等。Eggins & Martin（1997）认为，这样的意义应该称为意识形态，分析语篇采用的是这一意识形态视角。该意识形态视角也是功能的，它引导我们发现语篇生产者的利益倾向和我们自己的利益倾向。例如，透过很多教师的语篇可以发现他们在写作中表现出来的说教者的形象，尽管他可能潜意识里只是努力在做个好的老师。人的行为无不受到自身职业、身份等的影响，透出的都是意识形态意义。可以说，语篇作者的意识形态视角和语篇分析者的意识形态视角都是不可避免的，因为语篇作者通过语篇反映他对社会环境的认识和与社会进行交际以构建自身的社会关系。语篇分析者则必须有敏锐的洞察力和分析力，而这一切都以自我的立场为基础。

　　语域与体裁理论（R & GT）关心的核心问题就是意识形态、政治体制或体系等社会意义如何进入语篇。这里涉及到对语言使用与其使用语境间关系的解释。语言使用就是人构建语篇的行为，其在语篇中构建的意义来自社会，构建的工具就是语言，更确切地说是语法。我们通过中国卫通公司的自我介绍的一个段落对此三要素进行如下图式描绘：

图2—2：小句、语篇和社会之间的关系

社会（语境）

（意义：建设有中国特色的社会主义）

中国卫星通信集团公司（简称中国卫通）是根据国务院
电信体制改革的总体部署，于2001年12月19日正　　　　语篇（社会语境的话语重构）
式挂牌成立的国有大型骨干企业，是我国六大基础电信运营企业之一。
面对未来，中国卫通将紧紧把握国家信息化建设、
卫星通信广播业的快速发展、国家加强应急体系建设的发展机遇，
树立和落实科学发展观，加快企业改革步伐，　　　　小句（话语的语法实现）
把中国卫通建设成为……　　　　（中国卫通公司的介绍——自我形象塑造）
为构建和谐社会做出新的更大的贡献。

　　该图旨在直观说明如下意义：社会是语篇构建的基础，社会意义通过不计其数的一系列的具体语境（context of situation）展开来，延伸到生活的各个角落，人以学习者、说话者、行动者等等不同的身份参与这些情景中，

人的生活也因此而延伸,并且是社会意义的延伸。社会化的过程再经由人自己的创造,即所谓话语实践,而成为语篇,成为构建社会文化语境(context of culture)的一个意义截面,而语篇就是人本身经历的意义集合,是人的社会话语实践。话语实践中,人所经历的意义经过语言的重构,语法的再造,经由小句而铺展。每一个小句都表述了一个意义,描述发生的事件,它们被放置一起就构成对现实的解释,并且是话语的解释。具体到图中语篇,社会文化意义就是中国目前正在进行的有中国特色的社会主义建设,是具有强烈现实政治意义的,它包括以经济建设为中心的行动方针和相应措施,围绕着经济改革发生的事件,例如国有企业的改革和发展,政府和其他组织机构针对企业改革采取的政治行为,人在经济改革中的生活状态和社会行为等等。语篇生产者从该现实政治中汲取观念,体验该现实政治的影响,形成对现实政治的看法,并进而运用母语提供的语法手段构建语篇,以对所处现实政治进行反应,并与相关势力进行政治交际,现实政治的意义转换进入评价它的语篇的意义中,从而构建了话语的政治现实。

该图示(图2—2)显现,语域与体裁理论(R & GT)的基本观点是把语篇和其产生的社会视为不可分离,并且在分析方面能对显性的语篇形式和隐性的社会意义间的对应关系进行解释。也就是说,在该模式里,社会的两个要素——"社会文化"和"具体语境",能够对应语篇的两种形式——"语域"和"体裁"。

"语域"和"体裁"是语域与体裁理论的核心,因为它们是发现社会意义如何进入语篇的桥梁,也是解释语言变量的依据。因此有必要在此重点对该两个概念进行详细阐述。

"语域"(register)表示,我们在不同具体语境下使用不同的语言表达方式,因此是具体语境在语篇中的体现形式。具体语境涉及特定的时间、地点、交际双方的关系和谈话主题等,它们只有在语言制造意义的时候才能被体现出来,并体现为语域中的语场、语旨和语式。例如写学术论文和写家信就是不同的语境,交际要求不一样,因此作者自然采用不同的形式和表达。即使在同样的具体语境下,语言形式或者表达方式也可以不一样,语言形式和具体语境的关系是一种或然关系。还是以中国卫通的自我介绍为例。上图(2—2)中的那一段话出现在企业的正式网站上,是要向公众公开的,面对客户,面对上级领导机关和各种监督机构,因此它要符合相应的正式场合要求。而在卫通公司员工私人谈话里,员工就很可能不会这样说话,可能多采用比较口语化的词语。

就拿两人见面的场景来说,在小说《李自成》中李岩同刘宗敏见面,两人的对话如下:

> 李岩:"久闻将军大名,今日得瞻虎将风采,并得追随左右,幸甚,幸甚。"
>
> 刘宗敏:"李兄,你既然不嫌弃我们,前来和我们共事,咱们就是一家人,什么客气话也不要说了。"

虽然同处一个场景,但是两人说话风格大不一样。语言呈现了具体语境中交际双方的不同身份要素。李岩出身书香门第,受过良好教育,而刘宗敏铁匠出身,是打仗冲锋的将军,两个人的社会职业、地位和文化修养完全不同,这就决定了他们说话的方式不同。虽然都在打招呼,表示客套,但是一个文绉绉的,听起来谦恭文雅,另一个完全使用口语,听起来直爽、亲热(比较徐明,丁素萍 2005)。

在这个例子里面两人见面和身份关系就是语场,打招呼、表客套就是语旨,而说话的方式就是语式。在这个例子中,我们主要谈到的是具体语境要素,对于抽象的社会文化谈论不多。但实际上,社会文化影响着每一个交际过程。Halliday & Hasan (1989:46)已经从文化语境与具体语境的关系角度对文化语境的重要性进行了精辟解释:

> The context of situation, however, is only the immediate environment. There is also a broader background against which the text has to be interpreted: its CONTEXT OF CULTURE. Any actual context of situation, the particular configuration of field, tenor, and mode that has brought a text into being, is not just a random jumble of features but a totality — a package, so to speak, of things that typically go together in the culture. People do these things on these occasions and attach these meanings and values to them: this is what a culture is.

由此可见,文化语境决定如何在具体语境中阐释语篇的意义。因为每个社会有自己的政治体制以及在它的作用下长期形成的思维方式,它们进入到语言中,形成词汇意义、语法意义、篇章意义等,并在语言中得到发展和固化,因此民族语言本身就是民族文化。当我们将两个涉及同样主题

（同样的具体语境）的语篇放在一起，同文化内的两个语篇可能显现个性风格的差异，而不同文化的两个语篇则可能显现明显的结构差异，这些已经为跨文化语篇研究一再证明。

社会文化是抽象的，这点从 Halliday & Hasan（见上面的引述）的定义中就可以看出。大多数人应该都同意这样的观点：文化是人的行为方式（Oksaar 1991：16）。文化语境虽然比具体语境抽象，但是它依然可以从语篇的形式上体现出来，这就是语篇"体裁"（genre），它是文化语境的具体语言表现形式，它为社会成员创造并共有，为成员提供符合交际目的的语言结构、风格和内容模式（Swales 1990：58），并体现在个体语篇中。从体裁中可知某个文化所容许的语域变量的匹配，即不同的体裁要求不同的语言使用方式，以完成不同的由文化规范的任务。不同体裁的语篇实现该文化中的不同目的。例如通常按照西方的科学论文规范，一篇论文应该包括标题、关键词、摘要、研究问题、理论背景、研究方法、论证过程、文献、注释等，目的就是要求研究科学，写作严谨。这样的体裁目的通过语篇的段落结构反映出来，而语篇也是通过段落结构在扩展。另外，体裁还对语篇结构顺序排列有特别的规定。科学论文什么放在前面，什么放在后面，什么为首，什么为次，最后是什么，都有一定之规。

文化语境和具体语境都有具体的语言形式予以对应表达，按照语域与体裁理论，社会和语篇之间存在着内在的对话关系。因为语篇的意义，或者语篇使用者对意义的选择，主要为反映他所处的现实（ideational），为与交际对象建立关系（interpersonal），为把他以上的意图通过语言形式实现（textual）。那么对话关系之一便是社会对语篇成篇的影响。当语篇使用者通过形式对语境意义进行表达时，他不是自由的。首先，他受到具体现实场景的制约：交际对象、交际双方的关系、场合、地点、时间、交际媒介等；其次，他受到所使用语言的制约。因为使用惯例的约束，他认知中存在的、供他在一定语境下对结构进行选择的可能性是有限的；最后，包括概念功能（ideational）、人际功能（interpersonal）和语篇功能（textual）的语义系统网络只是提供了"语义潜势"，它要通过语篇才能现实化，即通过在具体语境中的使用才能被激活。系统功能语言学把具体现实场景分为与语言功能（ideational, interpersonal, textual）相对应的三个具体语境（register）变量

（语场 field，语旨 tenor，语式 mode）。例如当企业宣传这样的具体现实场景出现时,它能够激活该场景下适合的语言形式和附着于其上的社会意义内容,语篇使用者然后利用这样的语言形式对现实进行话语构建。

我们虽然能够看到语篇各层次之间的关系是实现关系,但是我们还应该看到在这种各层次间互动过程中某些因素的能动性。例如语篇中作者为什么会对包含现实政治意义的形式进行选择? 从图 2—1 上我们看不到这样的能动性,但并不表明它就不存在。因为该图只是从形式上理想化地展示了语言的实现情况,编码过程中的诸多影响因素并没有体现在该图示里。语言对社会进行编码的同时,其本身也在发挥主动性的作用。因为语言的使用跨越了几千年人类的历史,在发展中形成了系统,以满足人类的需要。语言的使用是在一个特定社会中的使用,必定浓缩了该社会的特征,并为这个社会服务,语言本身因此具有目的性和限定性,其系统组织的方式与使用该系统的人的需要相符合,而不是任意的(比较韩礼德 1994,2000：F39)。人在使用语言编码意义时,只能从语言系统中进行选择,选择了某个结构也就选择了它本身具有的意义,因为"形式是意义的实现手段,意义由形式来体现"(黄国文 1998:4)。

按照"选择了某种结构,就选择了结构意义"的观点,具有社会意义的结构存在于某种语言的语义网络中,通过语篇它才现实化,也就是说,某种语法结构在没有语境的情况下是不具有社会功能意义的,只能被看作一个词或者一个句子。例如被动态结构(韩礼德把被动态看作是语态系统中的一个部分,在这里我们先不展开对语态的系统分析,而把重点放在解释结构和意义的对应关系上)从形式上看,它并没有什么特殊的意义,德语的被动态就是 werden ＋ PII(助动词 werden 加动词第二分词)这样的形式,汉语是助词"被"＋动词构成被动态形式,但是在具体的语境下被动态会具有特殊的意义。例如:德语教科书(Schulbuch für 7. Klasse 1998)中针对希特勒时代迫害犹太人的描述:

Jüdische Beamte und Gelehrte werden aus ihren Stellungen entfernt, Studenten von den Universitäten verwiesen, Künstler erhielten Berufsverbot …

(Schulbuch für 7. Klasse 1998. Text：Die Verfolgung der Juden)

(犹太人官员和学者被调离职位,学生被从大学驱逐,艺术家被禁止从业……)

对该句进行分析,我们发现,作者运用了被动语态和功能动词等语法形式,相对主动态而言,被动态中施动者和受动者在结构层面上的位置发生变化,受动者成为句子中的主语,而施动者按照语法规则可以被隐去。语言在这里同时完成了它的三个社会功能:语言上取一种客观的表现形式,即不加入作者个人的观点,完全采取一种平白直述的所谓"客观"方式,这种方式虽然也完成了对现实经验的展示——犹太人被调离、被驱逐、被禁止从业,但因此使现实世界发生的事件成为没有行为人(凶手)的事件——谁做出了这些行为? 从教科书的这种语言结构形式可以看到,虽然德国人对二次世界大战中犹太人的遭遇进行了反思,但是就有些人始终没有鲜明地承认种族灭绝是一个民族对另一个民族的行为,语言结构反映了这部分德国人那种"犹抱琵琶半遮面"的二次大战后民族心理,而对其使用表达的是一种政治行为,事件的语言重构是政治话语的。

同样,德语词 Ausländer(外国人)和 Flut(潮水)放在词典中并没有什么特殊的功能意义,但是两个词的语义潜势在具体的语境中可以被激发。例如保守的德国报纸(Welt am Sonntag 1996. 9. 29)用这两个词创造了一个新词"Ausländerflut"(外国人潮)来表示日益增多的进入德国等欧洲国家的非西方的人民。两个词形成的贬斥意义顿时显现出来。另外他们还在报纸上要求德国政府采取措施控制难民的进入,并使用 Eindämmung(筑坝拦截)这样的词汇隐喻政府应采取的防范措施。在他们的眼里,外国人就是洪水猛兽,需要用钢筋水泥堵在国境之外。

通过被动态隐匿凶手,通过隐喻抹黑外国人,都是语篇作者的能动选择。他们试图通过某种语言手段建构的政治话语影响社会。这样的语言手段有时是作者的创造,如利用语言资源创造一个新词,或者通过突出对某一结构的有目的的使用等等,但有时利用某种结构表达意义并不总是在具体语境下的新造,此时还存在一种选择的结构,就是有些结构已经被另外一个语篇所用,而新的语篇又将它吸收进来,语言学把这样的现象称为互文性。在社会与语篇的对话关系中,社会的影响往往巨大,社会话语的一部分表现为某种结构形式,并为新语篇作者选择,同时也通过新语篇再次激活。这就可以解释为什么有时我们并不太关注内容,而只注意形式本身,甚至在很多场合下内容根本就不重要。改革开放前,甚至改革开放后的数十年,在中国的各类运动会中人们只要走在了队伍中就会不自觉地喊出口号:"提高警惕,保卫祖国"、"锻炼身体,建设祖国"、"友谊第一,比赛第二"、"为国增光"等。这样的例子虽然比较极端,但是在这样的情景下对于口号人们似乎确实没有太多选择的自由,因为没有其他现成的、已固化了的口号,也不会有人对内容进行有意识地思考,因为人们主要在某种情景下迎合其时的规范,这应该被看作是语域与体裁理论所认定的强制性结构,此结构就是一种政治语法,我们也可在企业介绍中发现端倪。

那么,为什么恰恰是政治性口号、政治性思维成为人们公共生活中的语言内容?这又回到了"政治"概念的定义——政治在上层建筑中居于统率地位。实际上,人们在公共生活中无时无刻不在与现实政治进行协调,以获取最大的利益。

2.2 研究问题及研究方法

依照语篇分析的功能途径对语篇中的政治语法进行分析,势必要提出研究问题以及明确研究方法。上章我们已经从语言功能的角度对语篇如何映射现实政治语境的功能意义进行了理论探讨,并提出了针对语篇构建政治现实的语篇功能分析的途径和范畴。本章将沿着上章阐述的语篇功能分析途径和分析范畴,设计可用以分析政治语法结构的研究方法。

特别需要指出的是,本研究的核心概念为"政治语法",虽然我们在前言和德国政治语法研究的回顾等章节里已经对该概念进行了探讨,但是如何通过汉、德企业介绍对比发现政治语法,还需要我们在本章中进一步讨论。作为学术研究,也很有必要向读者清楚地呈现本研究的研究问题,以及阐述解答这些问题的分析方法,以便读者能够始终把握住研究的思路。出于同样的考虑,我们还需要对本研究的语料进行进一步地描述和初步的样本分析。

2.2.1　研究目的和问题

如同我们在前言以及对德国的政治语法研究进行叙述时一再指出和讨论的那样,政治语法是以某种典型的结构或者表达方式出现在语篇中,它们就是系统功能语言学指出的语言的语篇功能,即在特定现实政治语境下构建话语政治现实的功能。正如 van Dijk (1995)所言:(语篇中)某些结构与另外一些结构相比,具有更深一层的语义含义。这样的结构存在于公共领域里各类体裁的语篇中,例如历史教科书,它也存在于企业介绍语篇中,因为企业介绍受制于现实政治语境,直接反映了人与社会的积极关系互动过程。本研究的主要目的就是通过对汉、德企业介绍语篇的对比分析,力图识别和描述特定文化中、特定语篇体裁中的这种语言结构,阐释宣传性语篇中政治语法的功能,即它映射现实政治语境和重构话语政治现实的功能,其中包括它的概念意义和人际意义,并在此基础上进一步探讨汉、德语篇差异的典型特征。

为了实现上述目标,本研究提出的研究问题是:由于受不同现实政治语境的影响,汉德语篇呈现怎样的差异? 该问题由三个相互关联的方面构成:

1) 汉、德企业自我介绍语篇在结构上存在怎样的差异?

2) 该差异性结构试图各自构建怎样的政治现实?

3) 该具中、德政治文化差异的语言结构怎样体现各自的政治话语特征?

研究问题的第一个方面旨在从语篇的形式表现上比较汉、德两种语篇的结构,以发现两种语篇的区别。因为按照系统功能语言学的功能观,对语言形式结构的选择就意味着对意义的选择,我们就是要在此弄清楚,语言怎样为适应特定现实政治语境中的使用而构造。系统功能语言学业已指出,形式是为内容服务的,选择了形式就选择了意义。因此,对两种语篇结构的比较将在三个层面上进行,即篇章、小句和词汇,因为意义渗入到语篇的各个部分。

我们的研究是从政治语法的角度看待语篇差异的问题,因此不能停留在语篇表层的对比,要试图从语篇的政治功能上解释这样的差异,因为汉、德语篇在结构上的差异就在于它们可能构建不同的政治内容和政治意图意义,就如系统功能语言学反复强调的,语言使用创造不同意义。研究问题的第二个方面就是为了探寻这些语义结构的政治特征。

对汉、德语篇形式结构差异的解释最终要通过分析语义内容实现。而我们认为,差异性的语义结构的核心内容是政治的,具有符合不同社会的政治文化语境的特征。因此通过问题的最后一个方面,我们试图指出汉、德语篇通过形式结构表达的不同的政治话语特征,以及它们与政治体制的关系。

通过该研究问题再细分的三个方面,我们试图从语篇的形式结构入手,通过语篇的功能研究,分析语篇各典型结构表达的意义,并从中发现政治语法在语篇中构建的政治话语特征。

本书以研究语言和社会文化语境的关系,即语言如何构建现实世界和社会人际关系问题的系统功能语言学理论为指导,运用系统功能语言学的语篇分析工具,即分析语篇的概念功能和人际功能,采用定性研究的方法,以确定汉、德语篇中政治语法的存在,并对其进行阐释和对比分析,最终解答本研究问题。回答了研究问题的三个分支问题也就实现了本研究力图解释的语篇跨文化差异的问题。

2.2.2 分析方法

本书主要采用定性分析方法对企业介绍进行分析,在对汉、德语篇进行对比的基础上,确定政治语法如何在不同文化的体裁中体现,以及政治语法所实现的语言概念功能和人际功能意义,并在此基础上阐述该政治语法构建的话语政治现实。本书因此不追求对政治语法在语篇中出现的频率进行量化统计,也不追求对政治语法的不同表现形式进行统计性的描述,或者研究语料中政治语法承担的功能与形式和频率之间的关系问题。

政治语法表现为在语篇中对现实政治语境中的政治文化意义予以重构,因此汉、德语篇的政治语法研究也必须沿着语篇功能分析途径。本研究在语篇分析方法上实现的是语域与体裁(R & GT)的语篇功能分析途径,它表示:1)从形式结构上看意义,即根据社会文化与语篇关系(图2—1)从下层的词汇语法和篇章角度看政治文化意义的实现;2)从概念和人际元功能角度同时分析政治语法的政治表现意义和人际政治关系意义的实现。而语言的组织形式,即语言完成的语篇元功能就是概念和人际意义的分析基础。

本研究之定性分析涉及到语篇的三个语言结构层面,即篇章、词汇和小句语法结构,该三个结构是由语篇元功能实现的。针对语篇的结构层面,首先进行语篇的体裁结构分析,旨在发现篇章层面凸现出的特定政治文化意义。然后,在语篇结构分析的基础上,对包含政治文化意义的小句结构进行及物性分析和评价性分析,进一步探究语篇作者如何通过政治语法反映政治现实,并构建政治现实关系,当然该现实是话语的现实,其相关描述角度的形成与作者在社会中的政治生存状态相关。最后,对词汇语义进行分析,旨在更深一步地分析和探讨语篇作者如何通过政治语法重构政治话语,特别注重分析词汇意义以及词汇之间的搭配意义。

我们在前文中已经指出政治语法产生于特定现实政治语境,因此在进行分析时,必须始终把握现实政治语境对语言选择的影响,以及语言反映政治现实和人际政治关系的功能问题。确切地说,本研究必须清楚地描述和解释特定现实政治语境下语篇体裁中的政治语法特征,分析政治语法通过词汇以及语法结构等构建怎样的政治现实意义,这其中也包括体裁本身蕴含的现实政治语境,语篇作者借助体裁获得的特定社会经验、面对环境的态度反应等。其中涉及到的具体语义结构的分析与揭示政治语法的语言社会功能相对应,即语篇的体裁结构分析、及物性结构分析、评价分析对应社会文化中的现实政治意义的阐释、对政治语法构建的话语政治现实的描述和人际政治关系意义的解释。

下面将通过例子介绍本研究为解决问题而采用的分析方法和步骤。

2.2.2.1 篇章结构语义分析

对语篇体裁定性分析,主要是为了描述和解释篇章结构层面上形成的样式,即体裁的形式图示,以及政治语法在语篇中的表现特征,即体裁的内容图示。按照 Halliday & Hasan 体裁潜势理论(Halliday & Hasan 1989),必选成分决定语篇的体裁,构成体裁的必选成分和可选成分与特定文化下的具体语境相关。

例如:商店买卖。

——必选成分:询价、报价、选物、付款。

——非必选成分:谈论天气、抱怨物价上涨、评论商品等。

可见在 Halliday & Hasan 的体裁潜势模式中,并不以语法形式上的单位为依据,即语篇的成分不等于某个具体的语法单位,如小句或者小句复合体等,而应考察它们的语义内容。商店购物语篇的成分所标示的、人在具体语境下基本需求的信息是否满足求与给的交换结果,构成必选成分的基本参照。而其他成分则是一种辅助,不是一定非要选择的内容。

同时商店买卖还有一定的程序步骤(语篇各部分的配置):

售货员问顾客——→顾客表达愿望——→售货员确认——→售货员取货并报价——→顾客付款并取货——→售货员收钱并找钱——→交易结束

这些步骤有先后顺序,有些步骤一定比其他步骤早,有些步骤可以重复出现,但这些步骤都涉及必选成分的语义要素,而可选成分可以放置在任何地方,一般来说作为话语的引子、插入语以及结束语等。在同一个文化体中,属于"买卖"这个语篇体裁的语篇尽管会有差异,但它们的基本结构是一样的。即使文化背景不同,很多时候语篇体裁的基本样式也一样,但是在另外一些体裁中可能会存在跨文化差异。对本研究来说重要的是,必选和可选成分的确立以及两者之区分实际上是对语篇篇章结构的语义分析,即对语篇实现的图示(内容图示与形式图示)的确认。

涉及到自我介绍语篇的分析,基本信息结构是该类语篇的基本形态。同时应该指出,该体裁多少涉及到公共宣传意义,人们会脱离具体语境,从好的、正面的、积极的、主观的角度描写外部世界和对客体进行评价。因此涉及到不同文化之时,则构成体裁的必选成分和可选成分未必相同,因为它意在突出的是该政治文化语境容许或者希望接受的东西。这就要根据对所有同文化语篇的结构分析,最后核定该文化的某类语篇的体裁结构。在对语料的研究中,先对一种文化语篇的体裁结构特点分别进行归纳,然后将两种语篇的体裁结构进行对比,发现它们的异同,特别是哪些语义要素作为某种文化的必选配置部分,以从中发现与本研究角度符合的规律性的东西。下面通过对汉、德各一语篇必选和可选成分进行分析,以最终确定语篇的语义要素。

例 2—1(C1):

1 公司秉承"质量是生存之本"的质量理念、"发展源于技术创新"的技改战略和"顾客至上"的服务宗旨,

2 发扬"开拓进取,自强不息"的企业精神,

3 不断追踪和汲取国内国际领先技术信息和优秀的管理模式,

4 实施公司发展战略。

5 "凯普"、"双狮"、"双狮王"电池名牌产品在经历反腐败风雨的洗礼后,更加成熟,

6 正以其崭新的面貌向各界朋友致意。

7 让我们携起手来,

8 在优势互补、互惠互利的基础上真诚合作,

9 共谋大业。

例 2—2(D6):

1 **Alles geht mit Görtz!**	1 **在 Görtz 一切皆可能!**
2 Das ist unsere Philosophie.	2 这是我们的哲学。
3 Damit meinen wir zunächst einmal bestmöglichen Service für unsere Kunden.	3 我们首先意指的是给予我们的客户以尽可能最好的服务。
4 Den, den man sieht.	4 这,这为人所能见。
5 Also freundliche und kompetente Beratung.	5 即友善的和有效的咨询。
6 Und das ist der, den man nicht sieht,	6 那,那为人所看不见,
7 aber trotzdem wahrnimmt.	7 但却是能感受到的。
8 Zum Beispiel perfekte Organisation und computergestützte Logistik.	8 比如完美的组织和由计算机支持的物流。
9 Nicht zum Selbstzweck, sondern für Sie.	9 不是为了自己,而是为了您。
10 So kommen Sie schließlich noch schneller und bequemer an Ihren Lieblingsschuh.	10 这样您可以更快地和更轻松地得到您喜欢的鞋子。
11 „Gibt's nicht", gibt's eben nicht bei GÖRTZ.	11 "没有"在 GÖRTZ 不存在。

　　分析步骤:首先我们确定两种语篇的必选成分的意义,即语篇针对企业的现实存在要提供的基本信息内容。同时分析是否有与企业介绍不相关的内容存在,即与必选成分同时出现的非企业基本信息,以及套话等引导语或结束语。下表是对上述两个语篇语义要素的呈现:

表2—1: 汉、德企业自我介绍语篇体裁的语义要素对比分析

篇章结构		汉语语篇		德语语篇
首位		企业理念(1—7) 1　公司秉承"质量是生存之本"的质量理念、"发展源于技术创新"的技改战略和"顾客至上"的服务宗旨, 2　发扬"开拓进取,自强不息"的企业精神, 3　不断追踪和汲取国内国际领先技术信息和优秀的管理模式, 4　实施公司发展战略。	首位	企业理念——优质服务(1—8) 1　在 Görtz 一切皆可能! 2　这是我们的哲学。(可选) 3　我们首先意指的是给予我们的客户以尽可能最好的服务。 4　这,这为人所能见。(可选) 5　即友善的和有效的咨询。 6　那,那为人所看不见,(可选) 7　但却是能感受到的。 8　比如完美的组织和由计算机支持的物流。
中位		企业状况(8—9) 5　"凯普"、"双狮"、"双狮王"电池名牌产品在经历反腐败风雨的洗礼后,更加成熟,(必选或可选) 6　正以其崭新的面貌向各界朋友致意。	中位	企业理念——为顾客服务(9—10) 9　不是为了自己,而是为了您。(可选) 10　这样您可以更快地和更轻松地得到您喜欢的鞋子。
末位		意愿表达(10—12) 7　让我们携起手来, 8　在优势互补、互惠互利的基础上真诚合作, 9　共谋大业。(可选)	末位	宣称(11) 11　"没有"在 GÖRTZ 不存在。(可选)

两个语篇在必选成分上呈现相似性,都从企业理念的角度对企业进行说明。例如汉语语篇针对企业提出"质量理念"、"服务宗旨"、"企业精神"等,德语语篇围绕着为顾客"服务"的理念,描述企业的行为——"咨询"、"组织"、"物流",及企业行为的目的——让"您可以更快地和更轻松地得到您喜欢的鞋子"。两个语篇的主题都是叙述自我理念,并围绕理念展开。

但是两个语篇也有一些区别性的东西,其中有些成分伴随基本信息结构突然出现在语篇里。例如汉语语篇的小句"凯普"、"双狮"、"双狮王"电池名牌产品在经历反腐败风雨的洗礼后,更加成熟,按照语篇的形式和意义发展,本来这里应该对产品进行描述,即经过公司的努力创造出了"凯普"、"双狮"、"双狮王"这样的电池名牌产品,获得了经济效益。但是作者让政治运动"反腐败风雨"同时出现,并把公司"努力创造"的行为过程表述为"洗礼",把产品产生的经济效益表述为"更加成熟",从而突显小句包含的对政治运动的映射,即对政治文化语境的应和。德语语篇里同样有伴随性附加成分与基本信息内容交织一起的现象,例如"这,这为人所能见"、"那,那为人所看不见"等句使本来的叙述结构转变为评论,而且通过不定代词"人"(man)的使用,使这一承认普遍化。这些成分都仅是"可选",因为它们并不构成企业介绍的基本信息。

同样的,作为结束语的"意愿表达"(C1:P10 – 12)和"宣称"(D6:P11)也是"可选成分",也都不是直接提供企业的基本信息,而旨在和交际对象建立关系。其中,汉语语篇包含某种政治文化意义的诉求,即通过表达承担国家责任,意图和社会的政治势力协调关系。而德语语篇的广告语则面向语篇的交际对象——顾客。

比较两种语篇在可选成分上的差异,可见企业自我介绍语篇表达的现实政治意义不尽一致。汉语语篇把社会政治运动(反腐败)和企业产品(凯普、双狮王)联系起来,构建一个在政治运动中的正面形象,具有设法和社会领导主体建立关系的明显意图。德语语篇则旨在构建一个企业一切为顾客的正面形象,力图说服顾客对自己企业的认同。

在必选和可选成分的基础上,我们还可以对段落语义要素进行进一步划分,如表2—1所示的黑体字部分就是语篇各段落的语义要素,为了看得更清晰,我们将其在表2—2进行了重列。

表 2—2： 汉、德语篇的篇章语义

汉语	德语
企业理念(1—4) **企业状况(5—6)** 意愿表达(企业责任)(7—9)	**企业理念——优质服务(1—8)** **企业理念——为顾客服务(9—10)** 宣称(11)

表2—2显示,两个语篇的内容不尽一样,汉语语篇更注重自我(公司理念与状况)以及与更广泛的社会建立联系(向外界呼吁),特别是最后的呼吁具有明显的政治性意义。而德语语篇旨在建立企业与客户的相互关系(为顾客服务)。形式上,汉、德语篇都有结束语这样的非必选成分(所以表2—2对该部分加上了括号表示是可选成分),不过至此为止的必选和可选成分的认定还是根据具体语境进行的认定,如果在语料的其他语篇中也大量出现同样的情况,则我们才能推测其中的文化要素,即可选可能是某个文化体裁中的必选。另外,语料中的两种语篇的语义要素之排序是否也都遵循如上表一样的规律,如按照"理念——现状——(意愿表达)"(汉)或"服务——服务目的——(宣称)"(德)排序,以及内容上的语义要素是否基本一致,尚需对所有语料进行分析后才能作出结论。

2.2.2.2 及物性结构分析

企业介绍语篇中的必选成分起到一种告知功能,伴随着它往往会出现一些附加成分,这些附加成分和可选成分具有相同的功能,它们突出了描述主体的社会特性。而及物性结构分析可对这样的意义进行更细致的揭示,因为语法和语义都体现在小句层面上,通过对小句的及物性分析,描述和解释语法结构体现的人对世界的经验,这种经验可以通过不同的视角反映出来。另外通过及物性分析,小句的语态问题和概念隐喻问题也同样显现出来。因为语态本身涉及到参与者功能性质的变动,自然引起分析者的注意。而概念隐喻主要通过名词化的形式表现出来,在做及物性分析时,我们也应该关注词类转化的问题。因此,本研究在对概念意义分析时,只采用及物性分析手段,以将分析焦点集中到小句结构本身。

及物性是对构建现实的语言的分析,当我们在企业介绍中对起到政治话语构建作用的政治语法进行分析时,主要从语义上把握以下几个方面(Martin & Rose 2003:65ff):对参与者的确定、参与者参与的方式、各成分的分类关系。通过对该几个方面的及物性分析可以发现作者力图维持的立场,对呈现作者的正面性认识有极大的作用。具体分析则分为两个步骤:一、通过对比发现各成分在汉、德语篇中的表现形式;二、它们分别表达的政治语法构建的政治文化意义。我们现在来看语料中的例子,仍以 C1和 D6 中的小句为例。

例2—3(C1):　公司秉承"质量是生存之本"的质量理念(s1);"凯普"、"双狮"、"双狮王"电池名牌产品在经历反腐败风雨的洗礼后,更加成熟(s5)。

例2—4(D6):　我们首先意指的是给予我们的客户以尽可能最好的服务(s2)。这,这为人所能见(s3)。

表 2—3:　汉、德语篇中对现实构建的小句呈现样式

意义	汉	德
参与者	公司(s1) "凯普"、"双狮"、"双狮王"电池名牌产品(s5)	我们(s2) 人(s3)
过程	秉承(s1) 更加成熟(s5)	意指(s2) 见(s3)
修饰性成分	质量是生存之本的(s1)	最好的(s2)
目标	质量理念(s1)	服务(s2) 这(服务)(s3)
环境成分	在经历反腐败风雨的洗礼后(s5)	给予我们的客户(s2)

该步骤展现出汉、德小句的及物性呈现样式,例如在"参与者"方面,汉语语篇用"公司"和公司产品替代行为人主体。而德语语篇则使用代词,使语篇世界中的行为人和现实世界中的行为人统一一致。接下来我们需要分析小句不同成分表达的具体意义,并析出其中的政治性表达。

例2—2 的两个小句中的参与者"公司"、"'凯普'、'双狮'、'双狮王'电池名牌产品"如果各自单独作为一个词出现,我们都马上会对它们的语义含义进行识别,例如概念"公司"的意思就是"为实现特定经济目的产生的组织形式"(Duden 2000),而"凯普"就是这样一个组织的名号;"'凯普'、'双狮'、'双狮王'电池名牌产品"是人做出来可以产生能量驱动电子器具之类的东西。而在具体的语篇语境下,经过语义转移(Oomen 1973),"公司"无生命的"名号"意义得到新的意义。因为行为动词"秉承"要求主语是有生命力的生物,"公司"因而有生命。再经分析转换,它们均代表"公司领导、员工",成为和我们一样有生命力的、有"理念"的、能够抵挡"腐败"的、有清楚"思路"的人。反过来,隐喻使人退到了幕后,在这里人也成了模糊的概念,因为我们即使把隐喻的意思析出,也已经不知道在这里"人"指谁,公司领导? 公司的普通员工? 使用隐喻使主体对象变得客观,不那么具有感情色彩,同时突出了集体性这样的在汉语语境下被广泛认同的正面意义。

与之相比较,德语语篇更多使用日常语,并不对组织机构进行转喻(见例2—4)。但它通过"人"这样的词语使参与者成为一种普遍的概念,一个涵盖现实世界所有的人的概念,凸现所有的人都对"我们"之所为的认同。

另外一个问题是参与者以什么样的方式参与到活动之中。汉语语篇中的过程基本上是物质过程,但都表达一种抽象的、宏大的意义(秉承、发扬等)。而德语语篇则多采用感官词(sensing),如"意指"、"见"等,除具有生活化意味外,还构筑了一种亲切的感觉和氛围。

修饰性成分在两个语篇中都直接构建正面性意义。"质量是生存之本"(汉)引用了权威的话语,以显示被修饰概念的重要性。"最好的"(德)旨在对修饰对象进行绝对化的描述。汉、德两个语篇在该方面具有相同的特点,但是其评价来源不同,这一点将在下节进一步阐述。

环境成分在两个语篇里存在差异。通过该两个语篇中的环境成分,可见作者构筑的社会形态和性状。汉语语篇把从上而下推行的政治运动("反腐败风雨")看作是一个具有积极意义("洗礼")的社会实在,而德语语篇则致力于构建一个良好的社会服务关系("给予我们的客户"),并认同这样一种社会价值。在这里,语篇的意义形态和社会状态形成一致。

2.2.2.3 评价性分析

评价性分析主要针对人际关系意义进行分析。研究中主要对表现作者喜恶态度的词汇和语法结构进行归纳、描述和解释。表达作者评价态度的资源不仅有词汇，而且还有语法，如情态、语气等。语篇中这样的现象经常出现，并显露出作者对某个人或者某件事的好恶。评价分析不仅能看到作者的态度，即对人、对人的行为、对事的评价，也同时能从中发现作者试图建立的社会关系。因此对企业介绍中政治语法的评价性分析主要包括：一、作者在语篇中的正面性情感流露；二、基于道德和某种价值取向对参与者的评判；三、作者对所涉事物的正面性鉴别。该态度的三方面往往通过语篇手段进行强调，我们在分析中将注意相关绝对化表达式的政治语法方式的使用，并同时关注正面态度的来源，以析出作者通过该政治语法的使用试图构建的社会关系。

我们再回到上两节分析的 C1 和 D6 语篇。第一步需要确定含有政治语法的评价系统在两个语篇中的呈现样式，第二步则对两个语篇中的评价系统进行阐释。通过对该汉、德两个语篇的比较，我们可以看到两种语篇政治语法评价系统的整个基本概貌：

表 2—4：C1 和 D6 语篇的评价意义

范例		汉　语	德　语
态度	情感	致意 携起手	感受到 喜欢
	判定	更加成熟 崭新的面貌 真诚合作	不是为了自己，而是为了您。 "没有"在 GÖRTZ 不存在。
	鉴别	"质量是生存之本"的质量理念 "发展源于技术创新"的技改战略 "顾客至上"的服务宗旨 "开拓进取，自强不息"的企业精神 国内国际领先技术信息 优秀的管理模式	尽可能最好的服务。 友善的和有效的咨询。 完美的组织 由计算机支持的物流。 更快地 更轻松地 您喜欢的鞋子。

（续表）

范例	汉语	德语
加强	"质量是生存之本" "发展源于技术创新" "顾客至上" "开拓进取，自强不息"	*最好的* *友善的和有效的* *完美的* *更快地* *更轻松地*
来源	引用： "质量是生存之本" "发展源于技术创新" "顾客至上" "开拓进取，自强不息"	"没有"在 GÖRTZ 不存在。

比较两个语篇，都运用了一系列修饰词语对客观事物（汉语语篇：理念、战略、模式）或者所从事的工作（德语语篇：服务、咨询、组织、物流）进行肯定，同时在情感方面绝非我们所列出的几种行为，在其他的行为方面，例如"坚持"、"发扬"、"汲取"（C1）、"（提供）尽可能好的服务"、"（提供）完美的组织和由计算机支持的物流"（D6）也都表现出作者对企业行为的赞扬。因此，从情感表现的好恶来看，两种语篇都表露出作者对描述主体的偏好。

两者最大的区别在于作者试图通过评价构建出不同的社会关系。汉语语篇借助"引用"认同社会中存在的主流观点，并以此来支撑自己的思想。"引用"本身就是一种评价，借他人的口来支持自己的观点。引用同时还是一种对权威发出的邀请，请他们参与到语篇中，让他们发表意见，用他们的言语说服读者。这里的引用虽然没有指出引自何处，或许来自企业领导人的发言，或许是企业文件中的一部分，或许来自上级领导的指示，但可以肯定，这些语言均来自中国当代社会的时尚话语。接下来的第 8 小句，作者设计了一个场面，一个映射中国现实社会政治经济运动的场面："凯普"、"双狮"、"双狮王"电池名牌产品在经历**反腐败风雨**的洗礼后，更加成熟。"反腐败风雨"指中国开展的清查经济领域里不法行为的运动。任何一个中国人看到该句,都会马上理解其中的预设,即运动的来源、其中的发起势力。从语言表层角度看,该句是一个断言(it is …),似乎是作者自己的独白,但从整个语篇语境看,此句出现突兀,作者明显在和一个已经内化了的声音对话。这个声音就是来自社会主导势力的声音。通过该句,作者试图与之建立联系,和这些可能的、潜在的读者协商意义,或者至少试图反映他们的声音,以向他们表明自己的一切行为都合乎要求。这样的意义形成之所以可能,是因为作者通过语言手段,例如隐喻——将"电池"产品变成有生命力的施动者,在信息结构之上覆盖了一层伴随性意义。

德语语篇则通过"自己"和"您"这样两个相对应的代词构建作者代表的企业与客户之间的对话关系,通篇都在邀请客户参与对自我行为的评判(这,这为人所能见;那,那为人所看不见)。同时通过不是为了自己,而是为了您(不是……而是)这样的对比结构强调事物的性质,以进一步强化作者"我们的一切都是为了您"这样一种带有诱惑力的商业性意图。

2.3　研究材料

本研究涉及的体裁是企业宣传体裁中的一种类型。针对自我形象宣传和与外界建立关系的目的,企业宣传体裁包含各种形式和内容,例如企业在招商手册上的介绍、说明书前言、公司网站中对公司的介绍等。总之,企业宣传体裁可以进一步细致划分为更多特殊的体裁类型。为了使材料之间有一定的可比性,如前所述,我们的分析材料锁定在企业的自我介绍体裁类型,它们往往出现在公司手册上的第一页或公司网站的第一栏。在中国,企业介绍的名称大抵为"企业简介"、"企业介绍"、"公司介绍"、"公司简介"这类相似的称谓。但有些企业取"关于我们"这样的名称,显然借鉴了美国公司企业介绍(about us)的称谓(见 Swales & Rogers 1995)。德国的企业介绍完全采用美国公司的企业介绍名称,几乎全部冠以"wir über uns",直译的意思是"我们关于我们"。值得注意的是,德语名称中比汉语和英语都多出了一个主语"我们",德语语言偏重形式化的特征已经在这样的名称中显现出来。

对于至今为止的针对企业介绍的研究,我们也通过德国 Paderborn 大学图书馆的电子文献系统进行了查询,目前只发现两篇针对"企业介绍"语篇的研究,它们分别是美国学者 Swales & Rogers(1995)和德国学者 Böttger(2004)的研究文章。其中,Swales & Rogers 认为企业介绍语篇体裁,不属于订单、建立联系或者投诉这类解决日常问题的语篇体裁,它们是文化、伦理和意识形态的载体,因此是研究体裁现象和企业文化的最佳素材。同时他们还在对这类语篇的研究过程中发现,语篇的作者一般是领导层里的公司资深员工,他们根据董事长、总经理或者董事会为公司制定的大政方针完成相应的介绍文本。

Böttger(2004)则从翻译对比的角度对德国和美国的企业自我介绍进行了研究,她认为由于经济文化传统和发展历史不同,即使在全球化的大背景下,德、美企业介绍依然存在差异。主要因为德国企业对营销的认识较晚,因此德语中还缺少表达现代企业文化的词汇,德国企业只能使用英文的表达方式,例如企业介绍中出现的"Vision"(Dresdner Bank)、"Mission"(Allianz)、"Philosophie"(Mannesmann)等全部来自英语(三个词的意思分别是"愿景"、"使命"和"哲学")。Böttger(2004)认为"wir über uns"这类语篇应该归入企业文化研究的一部分,而且是企业文化研究的主体组成部分,因为 Vision(愿景)、Mission(使命)、Philosophie(哲学)这样的概念内容很多时候被企业置入"wir über uns"这样的统称概念下,况且这类语篇本身就是公司对自己的介绍,Vision(愿景)等名称只不过更加突出一个企业的经营思想、经济社会目标等,更贴近营销的策略而已。

本研究对企业自我介绍的体裁研究与以上所述的两个研究大相径庭,既不涉及体裁意义模式历史变化的研究,如 Swales & Rogers(1995)主要按照 Fairclough(1985)的研究思路发掘社会思潮对公司企业介绍的影响、企业文化的历史变迁问题;也不涉及较狭隘的企业文化问题的研究,如 Böttger(2004)主要对德国和美国的企业文化进行对比,描述不同企业文化造成的翻译问题。如我们前面所阐述的,本研究旨在探析企业自我介绍语篇中的政治语法,即其在社会交际中为应和特定政治文化语境完成的功能。因此在本研究中,我们把企业自我介绍看作是一个社会中政治的载体,通过它的研究,我们旨在发现特定政治文化对以它为代表的公共宣传语篇的影响。

本研究之所以选择企业自我介绍语篇作为分析语料,主要考虑如下:

1) 经济在当代生活中占据重要的位置,而经济活动的主体就是企业。国际间企业的交往和竞争都需要首先自我展示,以获得伙伴和客户的认同。自我介绍是自我展示的重要手段,同时也是在经济活动中获得话语权的重要工具之一,但是当我们去阅读各国的企业介绍时,却发现它们之间存在很大的差异,对其他文化的自我介绍我们会感到陌生,其中的因素值得语言学关注。

2) 另外,批评话语分析理论已经告诉我们,任何一个语篇都是公共话语的一个截面(Jäger 1993),企业介绍作为公共宣传的一部分,它免不了受到公共话语的渗透,而在公共话语中现实政治统率一切,所以企业介绍受到了现实政治语境的约束,必然呈现相应的政治倾向。

3) 那么既然从社会政治的角度分析语篇的跨文化差异,为什么不直接选择政府文件、社论或者领导人的讲话作为分析语料呢?这里我们主要考虑到上述两种理由,特别是第二点——企业介绍是公共宣传的一部分,它受到特定现实政治语境的约束,会吸纳许多的现实政治文化意义。正如 Bindenkopf(1973:196)所言:"现代生活离不开政治,它遍布社会生活的各个角落"。我们回忆一下《辞海》对政治的定义,也能得出政治的重要作用。

根据上述思考,我们将具有相同名称(关于我们、我们的企业、企业介绍、wir über uns、unser Unternehmen)的汉、德企业自我介绍收集一起。为了在一定范围内对语篇进行比较,我们从收集的语料中各选择 25 篇汉、德企业自我介绍语篇作为分析的对象。由于这是一种定性研究,研究旨在指出政治语法结构在语篇中的存在,并构成不同文化语篇差异的因素,所以我们并没有追求语篇的巨量。在选择最终的研究语料时,我们进行了一定的筛选。主要的标准包括语篇的长短幅度,即两种语篇幅度应该大致相当。同时还包括每一个入选的语篇都应有关于自己企业的叙述,而不是那种仅列举企业数据的语篇,也即入选的语篇必须包含 Krause(2003)提出的企业介绍的基本要素,即:我们是谁?我们做什么?同时要求入选的语篇一定是纯粹的,并且是运用于其母语国的,和用母语写作的中国企业介绍语篇和德国企业介绍语篇。

这些企业有大有小,例如语篇中的大型中国企业有"京煤集团"、"卫星通信"、"特变电工"等大型股份制企业,但也有如"硕博公司"、"无锡亿钶"等这样的较小的责任有限公司,而德国的大型公司有"Forbo"、"Enkelmann"、"BTB"等,较小的公司有"SIM"、"Görtz"等。需要特别指出的是,中国和德国企业在员工数量上是有差异的。中国企业的员工人数会超过万人,甚至几十万人以上,而按照德国经济学教科书(Buhlmann,Fearns & Leimbacher 1999)的划分标准,1000人以上的企业就视为大型企业。

在法律形态上,两国的企业法律形态完全一致,语料中的中国企业包括有限责任公司,如"无锡亿钶"、"三锋电工"等,也有股份公司,如"特变电工"、"沈阳化工"等。德国的企业大部分也是有限责任公司,如"Bohrtechnik",或者是股份公司中的一个子公司,如"SIM"。它们因此分别满足了中国的公司法(《中华人民共和国公司法》2005)和德国的公司法(BGB 2002)的要求。

另外我们需要指出,两国在不同的政治体制下行使不同的市场经济方式,中国实行的是社会主义市场经济,公有制经济构成其经济体的主体。江泽民在十四大报告中明确指出:"社会主义市场经济体制是同社会主义基本制度结合在一起的。在所有制结构上,以公有制包括全民所有制和集体所有制经济为主体,个体经济、私营经济、外资经济为补充,多种经济成分长期共同发展,不同经济成分还可以自愿实行多种形式的联合经营。国有企业、集体企业和其他企业都进入市场,通过平等竞争发挥国有企业的主导作用"(江泽民 1992.10.12)。公有制经济作为中国经济的主体,其在中国的影响力巨大。本语料中的企业很多是国有企业,如"特变电工",但是作为股份公司,也有很多的私人资本参与其中。本语料中的另外一些企业,如"沪龙公司"、"硕博公司"、"无锡亿钶"、"三锋电工"等又是民营企业。相比,德国则实行的是社会市场经济,它以自由市场经济为基础,同时通过政府调节维持经济的良好运转(Seidel & Temmen 1998)。这种模式的核心是在主张市场有序竞争的同时,强调社会责任,主张高税收高福利。因此所谓国有企业在德国国民经济中的比重不大,而且基本上不是由联邦或者地方政府直接管理(见王文创 & 张金城 2006),这些企业全部是涉及民生的水电(如本语料中的 D20、D25)。而这些由政府控股的公司也必须遵循市场经济的运作方式(王文创 & 张金城 2006)。

我们的研究与 Swales & Rogers (1995) 和 Böttger (2004) 等人的研究有本质的不同,他们的研究更多关注与企业管理密切相关的企业文化,而我们更关心宏观政治文化语境对企业介绍的影响。因此,我们认为,基于不同政治体制下的、这样两种不同的市场经济运作方式,语言会对相关政治文化意义进行反射。因为政治如同一个大屋顶,它在它所及的文化边界里将一切都涵盖入内。有些企业介绍的政治文化意义可能多一点,有些少一点,这都不妨碍我们在同一种语篇中发现共同的话语趋势,以及表达这种趋势的结构,因为在某一文化背景基础上的语篇应该能反映该文化本质的东西,其中包括政治体制。另外一个理由我们在解释政治语法概念时已经提及,即政治是个人和群体"在公共生活中实现特定目标的行为",因此在政治体制约束下的经济体制和企业的许多经济活动也是政治的,因为它们都是社会成员为了实现特定目标的手段和方式。所以对于企业政治特性的确定恰恰是我们要读出的语篇意义的结果。

本研究对每一个语篇都按照设计好的分析方法进行分析,分析步骤可见上述篇章结构语义分析、及物性结构分析以及评价分析中。

2.4 小结

本研究的分析语料就是企业介绍。我们从网页和企业招商手册上收集了这些语料,并分别选择了汉、德语各 25 篇进行分析。在选择语料时,本研究确立了语篇入选标准,它应该对自己的企业进行一定的叙述,同时两种语篇的篇幅尽量长短相一致。按照功能语言学理论,政治文化属于宏观文化范畴,因此从政治语法的角度分析语篇的跨文化差异,主要目的就在于辨析政治对语篇的渗入情况,发现政治语法在语篇中的存在,并分析其性质。

　　本章阐述的分析方法与本研究的分析范畴密切相关,即透过篇章、小句和词汇从语篇的体裁、语言的概念功能和人际功能三个方面对政治文化进入语篇的轨迹、反映政治文化语境的政治语法构建现实政治世界的方式和人际政治关系进行分析。在体裁分析中主要确定必选和可选成分,从而呈现体裁的内容和形式图示,以便从语篇基本信息结构中将体现政治语法的成分剥离出来。体裁分析后,再从及物性和评价的角度对小句和词汇进行概念及人际意义分析。借助及物性结构分析了解小句的各个组成部分,并重点阐释政治语法试图构建的现实政治的特征。运用评价系统检验语篇的评价性结构,并在此基础上对政治语法如何构建人际政治关系进行解释。

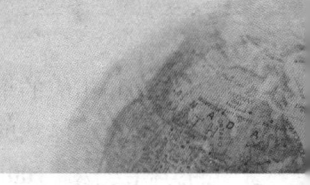

第三章

汉、德语篇中的政治语法

按照研究问题,即描述汉、德语篇结构的差异、分析这些差异表达的概念功能和人际功能意义、结合现实政治语境对这些意义进行解释,本章将主要针对研究划定的分析范畴,通过语篇的功能分析途径对语篇进行分析,并最终确认语篇中的政治语法结构。我们首先借助体裁结构分析手段对汉、德语篇的政治语法特征进行分析,以期从篇章这个大的层面区分语篇的基本信息结构和政治语法所构建的意义的性质,从而划定政治语法结构和一般信息结构的区别界限;然后利用及物性分析手段和评价性分析手段实现针对小句和词汇的功能分析,旨在发现政治语法构建政治现实的功能意义,即它再现的话语政治现实,同时对政治语法建立的人际关系意义进行剖析,目的在于揭示隐藏在政治语法结构之后的、受现实政治语境影响的人际交往行为和交际关系。因此,整个分析针对着三个形式层面,即篇章、小句和词汇。除了对语篇体裁的图示分析是单独进行外,及物性和评价意义分析都同时进行,因为在一个小句或者词汇上,几种意义同时存在。

3.1 汉、德语篇的篇章结构

语篇篇章层面上的功能分析,一方面通过语义要素确定语篇的体裁内容特征,另一方面要通过语义要素所处位置分析作者如何在结构上对内容进行组织,该两方面分别被称为内容图示和形式图示。内容图示和形式图示储存在语言共同体成员的大脑里,它们决定语篇根据语境的需要应构建的内容和相应的形式。

对语篇体裁的图示分析,我们采取 Halliday & Hasan 的体裁潜势理论的分析方法。Halliday & Hasan(1989)认为,必选成分直接与交际的成功和延续有关,是必须要被选择的,而可选成分则可有可无,它可能只是重复已经出现的内容,也可能是对外部环境予以描述,或者在交际伊始用于提起交际兴趣,以及在交际任务完成后作为结束交际过程的套话。根据这一原则,我们对所有语篇的段落组成部分进行了划分,并按照 Halliday & Hasan(1989)的建议对其中必选和可选成分进行甄别,下面先通过图表对语篇各部分进行列举:

表 3—1: 汉、德语篇中的语义要素

语义要素	汉语语篇	占比	德语语篇	占比
企业环境	12	48%	0	0
企业性质	10	40%	7	28%
企业理念(哲学)	4	16%	3	12%
企业产品或状况	24	96%	12	48%
企业服务(针对客户)	0	0	16	64%
企业责任(针对国家、社会)	25	100%	0	0
企业服务目的(为客户)	0	0	21	84%
宣称或告示	0	0	5	20%

该表显示,两种语篇的段落里在对企业现实客观存在的描述方面没有差异,它们都包含"企业理念"、"企业性质"、"企业产品"、"企业状况"等几个方面的内容,说明这几方面的内容构成企业自我介绍语篇体裁的基本特征,是该体裁的必选成分,也符合企业介绍在具体语境下向外界展示自己的产品、理念、企业的机构组织和人员等目的。

在信息选择上,两种语篇的差异主要体现在是否对"企业环境"进行了描述,以及是否有"企业责任(针对国家和社会)"表达这两个方面。按照

Halliday & Hasan（1989）的体裁结构潜势理论，它们并不构成或者没有直接构成交际的必要要素，可以不作为企业介绍必须包含的内容，是该体裁的可选成分。不过 Halliday & Hasan 针对语篇的必选成分和可选成分的表述只是对单一语篇的观察，另外值得注意的是，他们在分析语篇的这两种成分时，加上了明确的文化限定，也就是说，他们是根据对英语语篇的分析而得出体裁的必选和可选成分的。那么，在特定的、非英语的文化语境下，所谓的可选成分可能成为构建语篇的必不可少的要素。表3—1 明确显示，"企业环境"和"企业责任"两方面的内容只有汉语语篇涉及，并且在语篇组中占一定的比重，而德语语篇在该两个方面均缺失，但是德语语篇存在"企业服务"和"服务目的"两个内容。很可能在中、德两国的政治文化语境下，该几方面内容是各自企业介绍语篇必选的。这点需要我们在下面进一步澄清。

语料中，共计 12 个汉语语篇（C2,4,8,11,12,13,15,16,18,20,22,24）运用了一定的篇幅描写企业所处的外部环境，从意义角度来看，这些语篇描述的外部环境无一例外地与国家的政策或者上级的行为有关。例如 C12 在语篇开始就对企业产生的背景进行了介绍：

例3—1（C12）：

> 电力是国民经济的基础，电力环保业是保障国家可持续发展的朝阳行业。基于庞大的潜在市场规模和强有力的政策扶持，由电力产业环保化趋势衍生出来的电力环保行业在国民经济发展中扮演着越来越重要的角色。大唐环境在这样一个宏伟的背景下应运而生。

在这里，作者讲述了企业所处行业的重要性，强调了该行业在国民经济发展中的地位，以及国家对该行业的政策扶持。也因此强调企业的产生顺应了国家的发展趋势，是国家建设中不可缺少的一个重要部分。与该语篇相同，其他 11 个语篇也通过对"外部环境"的描述，指出国家发展政策是企业组建的必要条件，表达了将企业视作建设国家的重要一分子的意图。例如 C4：

例3—2（C4）：

> 二十一世纪的中国，高举科学发展的旗帜，坚持可持续的经济发展战略，实施创新型国家建设，为科技创新型企业发展带来前所未有的机遇。

同 C12 一样,该例的这段描述也被置于篇首,内容也主要涉及对国家发展政策的陈述,并强调该政策为企业发展带来的重要机遇。由此可见,这里关于企业"外部环境"的描述实际上是对国家政策的陈述,是为了说明企业生存和发展的背景。通过陈述国家的发展政策,凸显企业发展的重要性和合理性。

有些语篇则直接在篇首述及上级的行为,描述上级部门在它和企业的关系中的主导地位。例如 C8:

例 3—3(C8):

中国卫星通信集团公司(简称中国卫通)是根据国务院电信体制改革的总体部署,于 2001 年 12 月 19 日正式挂牌成立的国有大型骨干企业,是我国六大基础电信运营企业之一。

该例中,作者将上级部门(国务院)的政策(电信体制改革)的主导作用直接描述了出来,表达出"正因为这一政策,企业(中国卫通)得以成立,并确定自己在该行业的地位"的意义。

从上面的对"企业环境"的分析中可以看出,汉语语篇中描述的企业环境实质上就是企业所处的国家环境。国家的政策和发展方向,以及上级的决策和领导就是这一环境形成的主导因素,并构成对企业行为的引导和限定。

再进一步分析汉语语篇对"企业责任"的表达,可以发现,所有 25 个汉语语篇在最后一段都以呼吁或宣称(表决心)的方式,将企业未来发展与国家的发展和建设联系起来,表达出建设国家的愿望,或者表达回报上级、社会的决心。例如 C4 的最后一段:

例 3—4(C4):

中国电力将以安全、高效、环保为目标,满足国民经济对电力的增长和需要。南瑞继保责无旁贷,坚持自主创新,团结和谐、务实奋进,依靠先进的技术、优质的产品、完善的服务,通过产业深化和拓展,为中国乃至全球电力事业的发展贡献力量!

企业的发展、理念等等最终都服务于一个共同的目标:建设国家(回报社会)!由于它出现在语料中的所有汉语语篇里,所以可以确认,与国家相关的要素有可能是汉语企业介绍语篇的基本内容,构成汉语政治话语体系中的重要主题。

　　语篇内容、主题由语言工具构建。将汉、德企业介绍的语篇结构进行对比,可以发现,在所有12个包含对"企业环境"描述的汉语语篇中,该部分均被放置在语篇的首位,而所有汉语语篇的末位都包含"企业责任"表达。这样的选择应该不是任意的,因为这样的安排显现了"企业环境"和"企业责任"两个内容在中国政治话语体系中的重要地位,并且符合语篇产生的语境,反映语境的意义。语篇世界中该两部分内容和形式结构安排表现的即是它构建和对应的现实世界。下表展示了两者之间的互动关系:

表3—2:汉语语篇呈现的语篇世界和现实世界的关系

语篇世界		构建	现实世界	
形式结构	语义结构	→	社会体系	交际人行为
首位	陈述国家政策	→	国家机关	制定政策,监督企业
中位	描述企业理念、产品、成就等	→	企业	执行政策,实施生产
末位	表达企业履行国家政策的决心	→	国家和企业的上下关系	企业承担国家、社会责任

　　从表3—2可以管窥语篇世界和现实世界的对应关系,即语篇世界的形式结构对应现实世界的社会体系,语义结构又对应交际人行为。具体来说,汉语企业自我介绍语篇世界的形式结构包括首位、中位和末位,即按照一个语篇的语言顺序分别形成的三个子语篇,在语篇结构层面显性可见。这些位置分别由不同的内容所据有,形成相应的语义结构,并承担相应的功能。同时这些位置是有一定之规的,汉语企业介绍语篇中,首位通常提到国家、上级领导,并阐述国家政策,在中位描述企业的性质和产品,在末位表达企业履行国家责任的意愿。该顺序关系可以读为:国家政策是企业的行动指南 → 企业依据国家政策组建,并开展经营活动 → 企业认可自己在国家建设中的位置。

　　与语篇世界相对应的现实世界,在形式上为我们通常可见的社会体系,即社会中各社会分子之间的关系体系。国家领导机关,即中国共产党、各级政府等处于社会体系的最上端,而其他的机构,如企业、学校、军队等处于机构体系的下端,是被领导的对象。现实生活中,中国国家机关为国家的经济发展制定政策,企业执行政策,并在政策范围内组织生产经营,履行国家的建设和发展责任,接受国家机关的监督。

　　在语篇形式结构层面上,最值得注意的就是语篇首、末两个位置上的内容意义。因为"企业环境"和"企业责任"都涉及到了"国家"(或者上级),前者阐述国家政策对企业的指导,后者表达要履行国家的建设责任。显然,与"国家"相关的一切是中国企业行动的基础,也是汉语语篇形成的重要因素。相同语义子篇分置语篇首末,形成一个首尾式框架。该结构特征表明,首尾位置的成分是否可以被认定为可选,不能简单下结论。因为对某个成分作出必选和可选判断不能仅依赖于具体语境,即某个成分是否直接针对具体语境,而要充分考虑到不同政治文化语境的因素。汉语语篇的首尾式框架显然与构建政治文化语境的政治话语体系有关,因此只要符合该政治话语的规范要求就是必选的。值得指出的是,该种结构占到所有汉语语篇的48%。

　　德语语篇没有形成汉语似的首尾式框架,语篇的内容仅与汉语语篇"中位"部分的子篇内容相仿。试比较下面两个汉、德语篇:

表3—3: 汉、德企业介绍语篇篇章语义结构对比

篇章语义结构	汉语语篇 C13	德语语篇 D1
外部环境	特变电工的发展得到了党和国家领导人的高度关注和亲切关怀,1996 年以来,胡锦涛、江泽民、吴邦国、温家宝、贾庆林等党和国家领导人先后莅临公司视察,并对公司的发展给予了高度评价和殷切期望。	

篇章语义结构	汉语语篇 C13	德语语篇 D1
企业状况	公司先后荣获"中国驰名商标"、"中国名牌产品"、"中国免检产品"、"全国质量效益型先进企业"、"全国首批专利试点示范企业"、"中国自主知识产权百强企业"、"全国重合同守信用单位"、"全国用户满意企业"、"中国机电企业十大品牌"和"全国先进基层党组织"、"全国文明单位"等诸多殊荣，拥有自主知识产权核心专利技术400余项。 特变电工始终专注于"输变电、新能源、新材料"三大领域的开拓与协同发展，始终坚持科学发展观，以企业做强、做稳、做精为指导，以提高自主创新能力为先导，实施制度创新和技术创新相结合，不断优化产业结构、产品结构和市场结构，提升企业核心竞争能力，打造国际知名品牌。	您的 Forbo 是一个在全球为客户工作的地板铺垫、粘胶和塑料带生产商。公司有大约5600名员工，在30个国家有30个生产厂和45个销售公司，（他们）能在当地为我们的客户服务。 您的坐落在 Paderborn 的 Forbo Flooring 有限责任公司是 Forbo 集团的销售部，它有90名员工。您的公司总经理是愿意时刻听取您的意见的 Martin Thewes 先生。 作为您的高值地板铺垫供应商，多年来在德国市场上工作。我们的高质的、令人信服的产品系列包括用于高标准的居住和其他方面，以及用于特殊要求的工业领域的仿漆布和乙烯基地板铺垫。 在健康、教育事业、公共设施和工业细分市场，我们为您提供最佳地板铺垫方案。 意识到铺垫在使用过程中极高的要求，我们愿意为我们的客户在整个寿命周期保证其价值方面提供继续的服务。您的有经验的员工团队，从计划期开始直到项目完成，以及在之后的"售后服务"中都支持您。因为顾客满意对我们来说是最高的条规。

（续表）

篇章语义结构	汉语语篇 C13	德语语篇 D1
企业责任	公司将始终遵循"让客户称心,让员工安心,让股东放心"的经营宗旨,在合作中实现共赢,服务中国和全球经济,推动人类进步,成为全球信赖的电气服务商。	

　　该表显示,德语语篇仅有对企业状况的介绍,其中涉及企业的人员和机构组成、产品等内容,但是特别给出了关于"企业服务"和"服务目的"的内容。相对于汉语语篇,德语语篇中并没有见到如汉语语篇中对国家机构(上级领导)和企业之间的指导关系的描述。与国家相关的一系列因素,如国家政策、国家建设、国家领导等等也因此均不作为德语企业介绍语篇形成及在内容上需要述及的必要话语考量。

　　结构上,所有德语语篇直接进入对企业的描述,结构上分为前后两个部分,前半部分描述企业的产品和服务,后半部分言及企业行为的受益人或者表明企业的行为是为了客户这个目的。德语语篇也同样构筑了一个语篇世界和现实世界的对应语义关系:

表3—4: 德语语篇呈现的语篇世界和现实世界的关系

语篇世界		构建	现实世界	
形式结构	语义结构	→	社会体系	交际行为
前部	企业产品和服务	→	企业	提供产品和服务
后部	行为受益人	→	客户	获得产品和服务(企业目的)

　　该表显示,德语语篇反映的是一个与汉语语篇不同的现实世界体系,体系之中的参与分子间形成一种因果交换关系。德语语篇的这种形式和语义结构也反映出德国的典型政治现实话语特征,其话语的基本内容就是

提供产品、服务和表述企业的"服务目的"。围绕着这一基本内容,德语语篇致力于阐述参与者如何最好地完成这一工作,以及为什么要这么做(服务目的)。可以说,相对于汉语语篇,德语语篇除了没有对企业外部环境的描述外,还单独强调了"服务目的",其与汉语语篇中的"企业责任(针对国家和社会)"形成一种反差,即一种不同的话语意义。这样的前、后部结构占所有德语语篇的80%。

德语少数语篇里还存在"宣称或告示"这样的内容,它们通常具有宣传自己产品或者指明服务的功能,如:"您还需要有关 ARSNOVA 的信息吗?请电 +49(711)932810 或者通过互联网和我们联系"(D11)、"说不行,在我们这里行不通"(D20)。

通过对汉、德语义要素的分析,以及讨论这些要素表达的意义,我们可以得出汉、德企业介绍语篇体裁如下内容和形式图示样式:

图 3—1: 汉、德语篇体裁的内容和形式图示

	汉语体裁形式图示	德语体裁形式图示
内容图示	首位 — 企业环境 ↓ 中位 — 企业状况(性质、理念、产品、服务、荣誉) ↓ 末位 — 企业责任(国家、社会)	前部 — 企业的服务(产品) ↓ 后部 — 企业服务目的(为客户)

我们可以看出,汉语语篇和德语语篇具有不同的内容图示和形式图示,说明两种现实政治语境对体裁的要求存在差异,汉语语篇可以把企业的环境,如国家的政策,作为企业活动的前提,并会表现出对国家及社会的责任感。德语语篇就是围绕企业和客户的关系进行叙述。在汉语语篇中虽然提到了"服务"这样的字眼,但是并没有如德语语篇那样形成贯穿语篇的"服务—→服务目的"因果链。

3.2 汉、德语篇的语法特征

按照系统功能语言学,语篇的主要功能意义体现在作者对小句形式结构的选择以及词汇之间的搭配。因此,本章将从语法和语义的角度将汉、德语篇的小句结构和词与词之间的搭配进行对比,从中发现两种语篇小句层面上的特点,并进而分析形式结构反射的政治现实和作者通过语言试图建立的社会政治关系。

3.2.1 汉、德典型小句结构

功能语言学认为,语篇是人自身经历的意义集合,其所经历的意义经过语言的重构,语法的再造,经由小句而铺展。每一个小句都表述了一个意义,描述发生的事件,它们被放置一起就构成对现实的解释(Martin & Rose 2003)。而构成小句的主要成分有:参与者、参与者参与的活动、参与者活动涉及的目标、参与者活动的环境。企业介绍语篇则主要围绕着介绍对象——企业,对企业的自我形象和活动进行构建。为此,我们关心语篇围绕着对交际参与者之间关系的描述,汉、德企业介绍语篇形成了怎样的典型句型,语篇作者如何通过这些句型将各种成分黏合起来,使它们之间形成有序的句法关系。然后,通过这些句法关系,发现构建政治现实关系的话语体系,以及对现实政治世界的话语的认识。

对比汉、德语篇,可以发现两种语篇中分别形成如下涉及表示参与者关系的典型小句形式语义结构:

1. 结构一:主谓宾(状)结构

例3—5(D1): Ihr erfahrenes Team von Mitarbeitern unterstützt Sie bereits in der Planungsphase bis zur Projektrealisierung und darüber hinaus im Rahmen eines „After Sales Service". (您的有经验的员工团队,从计划期开始直到项目完成,以及在之后的"售后服务"中都支持您)

表 3—5：典型德语小句结构 1

范例	Ihr erfahrenes Team von Mitarbeitern	unterstützt	Sie	bereits in der Planungsphase bis zur Projektrealisierung und darüber hinaus im Rahmen eines After Sales Service
形式	主语	谓语	宾语	时间状语
语义	施为者	行为过程	目标对象	环境因素

2. 结构二：（状）主谓宾（间接宾语、直接宾语）结构

例 3—6（D1）：In den Segmenten Gesundheitswesen, Bildungswesen, Öffentliche Einrichtungen und Industrie bieten wir Ihnen optimale Bodenbelagslösungen（在健康、教育事业、公共设施和工业细分市场，我们为您提供最佳地板铺垫方案）。

表 3—6：典型德语小句结构 2

范例	In den Segmenten Gesundheitswesen, Bildungswesen, Öffentliche Einrichtungen und Industrie	bieten	wir	Ihnen	optimale Bodenbelagslösungen
形式	地点状语	谓语	主语	间接宾语	直接宾语
语义	环境因素	行为过程	施为者	受益人	目标对象

3. 结构三：主谓介宾结构

例 3—7（D3）：Ingenieure und Techniker, sie sind für Sie da（工程师和技术员，他们为您服务）

表 3—7: 典型德语小句结构 3

范例	Ingeneure und Techniker, sie	sind … da	für Sie
形式	主语	谓语	介词宾语
语义	施为者	行为(存在)过程	目标对象

4. 结构四: 主谓状结构

例3—8(C11): 按照国务院《中国电信重组方案》,中国移动通信集团四川有限公司正式组建

表 3—8: 典型汉语小句结构 1

范例	按照国务院《中国电信重组方案》	中国移动通信集团四川有限公司	正式组建
形式	状语	主语	谓语
语义	环境因素	施为者	行为过程

5. 结构五: 主谓宾状结构

例3—9(C17): 在公司党政班子的正确领导下,全体员工将进一步树立和落实科学发展观……。

表 3—9: 典型汉语小句结构 2

范例	在公司党政班子的正确领导下	全体员工	将进一步树立和落实	科学发展观
形式	状语	主语	谓语	宾语
语义	环境因素	施为者	行为过程	目标对象

通过以上对汉、德语篇典型小句形式语义结构的罗列,我们可以发现,德语语篇偏向 1—3 结构,而汉语语篇偏向 4、5 结构。虽然五种结构都在句内构建了一对交际关系,但是交际关系中的对象不同,交际对象在结构上所处位置也不同。在 1—3 结构中,施为者是公司,处于主语的位置,而交际对象是客户,他们是施为者的行为对象,处于宾语或者间接宾语的位置,因此形成企业对客户的作用关系。在结构 4、5 中,施为者也是公司或者公司员工,处于主语的位置,但是交际对象——国务院或者各级领导,则处于小句的环境因素或者目标对象中,形式上表现为修饰语,意义上则显示出

是所修饰对象的行为人,从而使小句形成"国务院"、"上级领导"的行为与企业行为的对应关系。

　　进一步分析,结构 1、2、3 的形式和语义本质上相同,代表行为过程的动词在三个结构中处于中心位置,总是在第二位,而发出动作的施为者处于小句结构的首位,行为的受益者或者针对的目标对象被放置在行为过程的后面或者占据结构的末位。德语语篇的三种典型小句结构直接体现了主语位置上的施为者通过其实施的行为(谓语)对宾语位置上的目标对象的作用,即:

图 3—2：典型德语小句结构总图

形式结构	主语 + 谓语 +（状语）+ 宾语
语义结构	（通过）　　　　（作用于） 施为者 ——————→ 行为 ——————→ 目标对象 （环境因素）

　　由于施为者的行为直接或者间接地施加在目标对象上,因此行为承受者或受益人之间的关系直接体现在结构上。环境因素在该结构里可有可无,把它去除并不会造成小句意义不完整的感觉,因为它只局限于对行为的领域或者发生的时间进行限定,即表示施为者行为涉及到的具体方面和行为发生的时间。

　　结构 4、5 在形式和语义上也基本相同,但又区别于德语小句的典型结构(结构 1—3)。在这两种汉语语篇的典型小句结构中,环境因素成分起到重要的作用,因为它对施为者的行为构成影响,即施为者行为受到该环境的约束,见下图:

图 3—3：典型汉语小句结构总图

形式结构	条件状语 + 主语 + 谓语 +（宾语）
语义结构	（约束）　　　　（做出）　　　　（作用于） 环境因素——————→施为人——————→行为——————→（目标对象）

　　如图所示,形式上,状语成分处于该结构的首位,因此显现出其在结构中的首要地位。语义上,环境因素并不对行为领域或者时间进行限定,却

犹如一个预设的框架对整个小句的意义进行限定。

为什么两种结构中的环境因素有如此大的不同？比较汉、德典型小句结构,可以发现,德语小句中的环境因素都涉及施为者行为发生的领域,指出行为发生的时间和地点,即语法上的时间状语和地点状语,并没有涉及另外一个交际参与者的行为。而汉语小句中的环境因素都是条件状语,涉及另外一个交际参与者的行为,是施为者(小句主语)行为产生的条件,因此按照中国人的思维习惯,被置于句首。小句形式结构中各成分的顺序为:

"条件状语→主语→谓语→宾语"

该形式结构符合中国人的思维顺序:

"先决条件(环境因素)→施为者→行为过程→目标对象"(Günthner 1993;钱文彩 2001)。

另外,更重要的是,汉语语篇中的环境因素在这样的形式结构构筑的语义环节中必不可少,因为它主要体现了参与者(领导或者上级领导)的角色,即他所做出的行为对小句中的过程产生影响,因此此类环境因素包含的意义是政治话语的。进一步分析环境因素的意义,它们均表达"领导"、"上级机关"或者"上级领导"的行为,因为在表示环境因素的短语中,"领导"是修饰语,如"领导的",而它们修饰的对象是经过转换的名词,如"支持"。字面上常常表示为"在公司党政班子的正确领导下"(C17)以及"在四川省委、省政府的关心、支持下"(C11)等。因此可以进一步确认,汉语典型小句的状语是一个"在……下"的固定式短语槽:

例3—10(C17):在公司党政班子的正确领导下,全体员工将进一步树立和落实科学发展观……。

图3—4: 汉语小句中环境因素的构成

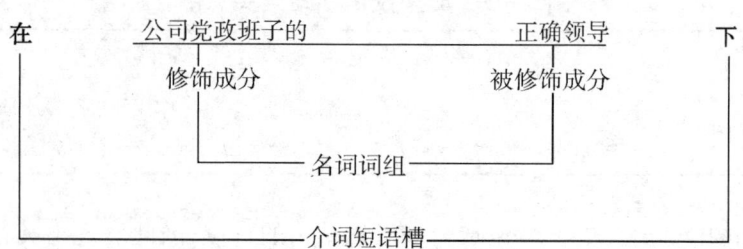

如图所示,在这样一个固定式短语槽里存在一个名词化结构,而在这个名词化结构里,修饰成分和被修饰成分构成一对所属关系,它们可以通过语法转换为一个 NP 小句,即:

"公司党政班子正确领导……"

这里我们把"领导"还原为动词,以便再现源句中施为者(公司党政班子)的行为过程。

还原后的名词化结构为:

表 3—10: 汉语环境因素中的名词化结构

公司党政班子	正确领导	(公司)
主语	谓语	宾语
施为者	行为过程	目标对象

由此可见,该典型汉语小句语义结构中的另一个参与者就驻住在小句的环境因素中,他的行为是小句语义结构中施为者行为的产生条件。这个参与者在汉语语篇中就是"领导",虽然在结构上不与施为者构成直接的主宾关系,却因为他的行为是施为者行为活动的前提,而在实际意义上形成领导和被领导的关系。同样的指示环境意义的词组还有"以"字句结构:"以科学发展观为指导……"(C23)、"以三个代表为指导……"(C25)、"以党的十七大精神为指导……"(C16)等等都把代表上级领导的政策作为行动方针,在小句上形成"环境——行为人——行动——目标"这样的结构,显示领导与被领导的上下级关系。

根据上述分析,在汉、德小句构建参与者关系方面,可以归纳出如下典型的差异性特征:

1. 德语语篇力图构建企业和客户之间的关系。具体表现为,施为者发出行为,该行为对目标对象产生作用,或使目标对象受益。小句形式层面上的"主语——谓语——宾语(或间接宾语)——时间(地点)状语"顺序结构体现了"企业行为使客户受益或为了客户"这一话语意义。

2. 汉语语篇力图构建企业和上级之间的关系。虽然企业是小句语义结构的施为者,但是他的行为受到上级的影响,因为上级的行为表现为小句的环境因素,形成先于企业行为的预设行为。小句形式层面上的"条件状语—主语—谓语—宾语"顺序结构体现了"上级领导的行为作为企业行为的必要条件"这一话语意义。

3. 上述结构差异体现为语序差异,而语序反映出不同文化的视角。形象地说,当人们描述外界事物的时候,先看到或者想到什么。德语语篇从自我开始,先看到企业自己,然后看到自己的行为,最后看到客户;汉语语篇从环境开始,先看到上级的行为,再想到企业自己,然后设计自己的行动。

3.2.2　语篇中的时间表达

小句语法层面,语序能表达作者需要强调的语义要素和交际伙伴之间的关系,而时态则构建事件发生的时间。由于语言系统的差异,汉、德两种语言采用不同的手段构建事件发生的时间。汉语运用词汇手段表示时间意义,而德语除了可以使用词汇外,还使用语法手段构建时间关系,并主要通过动词变位实现。因此,我们虽然使用现在时、过去时和将来时等概念来表示现在、过去和将来,但并不将它们与德语语法中的现在式、过去式或将来式等语法形式结构对应起来,而充分考虑词汇语义表达的时间概念。

本语料中德语语篇的时态主要通过动词变位语法手段实现:

例3—11(D2):

Seit der Gründung setzt Ihr Unternehmen STIHL auf revolutionäre Technik und innovative Ideen, die schließlich den Kunden zugute kommen(自成立以来,您的 STIHL 公司就注重使客户受益的革命性技术和创新思维)

动词 setzt,zugute kommen 都是现在式的形式,体现在动词的现在式词尾上。

除使用了动词语法手段外,德语语篇中还使用了少量表示时间的词汇,其中主要使用的词汇有: heute(今天), ständig(持续)等。这方面,汉语情况完全一致,汉语主要使用"今天"、"将来"等所谓实词表示时态,另外还使用了"着"、"呢"、"了"等虚词(助词)来表示时态。借助这些表示时态的词汇和语法手段,分析时态则有了支点,并可发现汉、德语篇对时间所做的如下选择情况：

表 3—11：汉、德语篇中时间的呈现

	现在时	过去时、完成时	将来时
汉语语篇	√	√	√
德语语篇	√	√	

两种语篇基本上都以现在时为主，并有零星少量的过去时或完成时，可见两种语篇都注重描述企业目前的情况。正如上表所示，两种语篇的差异主要体现在将来时间的呈现上，德语语篇没有出现将来时，而汉语语篇里则出现了将来时间，而且除语篇 C1 之外，所有语篇都出现了将来时间。在这些语篇中将来时主要表现作者对未来的展望：

例 3—12（C14）：

　　中国有色集团将坚持国际矿业公司的发展方向，坚持以经济效益为中心，继续实践"走出去"战略，实现企业发展同企业经济效益的相互促进，企业与社会同步发展，开创迈向国际矿业公司的新局面。

该段表达的是一种尚未实现的企业状况，作者通过副词"将"构建了这种未实现的现实。除了在小句中使用副词"将"表示将来发生的情况外，汉语语篇还常常通过一个起头短语表达之后小句中的一系列行为均为将来要发生的行为过程：

例 3—13（C8）：

　　面对未来，中国卫通将紧紧把握国家信息化建设、卫星通信广播业的快速发展、国家加强应急体系建设的发展机遇，树立和落实科学发展观，加快企业改革步伐，加大资源重组力度，把中国卫通建设成为"具有国际竞争力、天地一体的通信广播和指挥调度通信服务企业"，为构建和谐社会做出新的更大的贡献。

"面对未来"就是该段的起头短语，它的出现标志着后面的段落内容涉及未来。该短语的功能在于引导读者对今后将要发生的事情进行关注。

考察这些段落，可以发现它们在结构上具有相同的特征。

特征一：

在语篇中，表示将来的部分全部被置于篇尾的位置。结合语篇中其他时态被置放的位置,可见语篇的时态安排完全吻合现实世界事件发生的时间顺序,即:过去—现在—将来。从下面的例篇中可以更清晰地看到这一点:

表3—12: 汉语语篇中的时态

时间顺序	范例
过去(完成)	1999年7月28日,按照国务院《中国电信重组方案》,中国移动通信集团四川有限公司正式组建,是中国移动通信集团公司的全资子公司之一。
现在(持续进行)	成立以来,四川移动一直按照"做世界一流通信企业"长远战略,实施"一步一个脚印,一步也不停留,一步一步向前走"的发展思路……以客户为中心,四川移动全面提供差异化服务……
将来(待完成)	展望未来,在中国移动通信集团公司的领导下,在四川省委、省政府的关心、支持下,四川移动将继续把服务地方经济和推进社会信息化建设作为自己义不容辞的社会责任,积极支持社会公益活动和慈善事业,为建设和谐社会、实现地方经济的跨越式发展做出自己的贡献。

语篇完全按照时间顺序进行构建,首先通过时间点"1999年7月28日"表示"过去"的行为过程,然后再通过助词"成立以来"表示现在持续发生的事情,最后通过动宾短语"展望未来"构建将来行为过程图景。简单地说,语言词汇手段构建了人在现实世界的时间概念。

特征二:

各语篇中表示将来时的段落,在"起头短语"、副词"将"、"继续"和"行为过程"词汇的使用方面完全一致。共计七个语篇使用了起头短语,短语的形式结构和语义相似,例如:展望未来(C4,C6,C11),面对未来(C8,C20),展望新的一年(C9)。该动宾结构均表达朝向未来图景的行为。

除两个语篇外,其他所有汉语语篇都通过副词"将"表达将来的意义。而且所有这些语篇的行为过程具有相似的语义,如:"坚持"、"推进"、"实施"、"建设"等,它们都包含"建构"义子(+建构)。而这些行为过程的作用目的都是为了某种国家的建设目标,例如"和谐社会"(C11)、"国家可持续发展"(C12)、"小康社会"(C16)等。

该以上针对汉语将来时间的特征表明:

1) 表示将来时间的词汇构建的是一种未来图景。起头短语可使用"展望"、"面向"、"面对"等字眼,是对人内心思想活动的隐喻,即把抽象的思维行动转换为可感知的"视"行为。其后受支配的名词"未来"也因此成为具体可见的图画。

2) 将来时间构建的是一种意愿,而且在汉语语篇中,表达出一种积极向上的意愿。所以选择的行为动词都包含建构、发展这样的义子,而受益的目标往往是国家或者社会。

3.2.3　引用

通过引用说明事物,是话语形成过程中的重要手段。引用的功能正在于表明某个说法是早有定论的,或者是权威之言。引用分为两种情况:明引法和暗用法。两种用法在汉、德两种语篇中都会出现,例如:

明引法:

例3—14(C1): 公司秉承"质量是生存之本"的质量理念、"发展源于技术创新"的技改战略和"顾客至上"的服务宗旨,发扬"开拓进取,自强不息"的企业精神,不断追踪和汲取国内国际领先技术信息和优秀的管理模式,实施公司发展战略。

例3—15(D25): Wir, das heißt rund 170 Mitarbeiter sind „Ihr Partner fürs tägliche Leben"(我们170名员工是"您日常生活的伙伴")

不管从形式还是内容上看,两种语篇在明引法方面没有差异。形式上,句中以引号标示的起止部分就是明引,一般构成小句的一个成分,例如宾语,或者某个词组的一个组成部分,例如名词词组的修饰部分。内容上,两种语篇的引用都直接与企业有关,例如涉及企业某方面的计划、目标或者对企业的评判。功能上都具有对所述对象进行肯定的意义。它可以是企业的自我肯定,或者借用别人的言语对企业进行自我肯定。

暗用则没有明确的形式标示,接受者需要对暗用的典故、源语篇有一定的背景了解。不过,语料中的语篇并非文学类语篇,所以暗用情况并不复杂。由于本研究的视角限制在对政治话语的观察,因此对起到美化文字、增强语感、简化说明的暗用,例如成语等,并不进行分析,而只关注那些与政治文化生活密切相关的话语。比较两种语篇,德语语篇完全没有使用这类话语,即没有通过暗用他人话语对政治文化语境进行映射,而汉语语篇中该类暗用比比皆是,除 1 个语篇外,其余 24 个汉语语篇都通过暗用对政治文化语境进行了映射。

暗用在汉语语篇里形成了相对固定的形式和语义结构,一般为:

> 主语 + 谓语 + 宾语(暗用引语)

下面通过例子对这一结构进一步说明:

表 3—13: 对政治话语暗用的意义

范例	公司	坚持	可持续发展战略
形式结构	主语	谓语	宾语(暗用引语)
语义结构	施为者	行为过程	目标对象

如表所示,与政治文化语境相关的暗用引语都处于宾语位置,是施为者行为的目标对象。对该结构中的这些行为动词进行归纳,可见它们只限制在少数几个动词,并且可以根据语义分为两组:

1) 含"遵循"义:坚持、高举、树立
2) 含"行动"义:实现、实施、推进、促进

审视该两组动词,这些行为均描述了施为者作为国家政策执行者和践行者的形象。作者通过这些行为表示,国家的目标就是企业的目标和行为指针。

另外还有一个突出使用暗用引语的结构,它是一个具有相对固定形式的短语槽:

例 3—16(C5):"以科学发展观为统领"

我们姑且将这种形式称为"以 X 为 Y"的短语槽。在这个短语槽里,X 是暗用引语,如"科学发展观"、"'三个代表'重要思想"、"改革创新"等,短

语槽里的 Y 通常固定为如下几个名词:"统领"、"指引"、"指导"。该几个名词均由动词转换而来,属于语法隐喻形式。现短语槽与源动词结构句式对应如下:

> 短语槽:以科学发展观为统领
> 源句式:科学发展观统领(企业)

源句式是一个主谓结构句,谓语"统领"行为是从主语发出来的,就是说,主语是谓语的施事。源句式中的谓语动词进入"以……为……"的短语槽后,成为名词,语法意义得到改变,源句式中的施事关系发生变化,作为目标对象的"企业"缺无,"科学发展观"成为标记(Token),即被识别者,而"统领"则指示了该被识别者的意义和价值(Value)。

动词转换为名词是一种物化过程,它使被作用的具体对象(如"企业")在形式上消失,而仅保留下作者需要突出的事物,从而使动词行为普遍化、一般化,并可被修饰。

汉语语篇中充当该短语槽中的 Y 为经转换而来的名词,它们大都包含"领"和"引"这样的含义,而 X 都涉及国家和党的政策及指导思想,这些暗用的话语全部来自国家或者上级的文件和讲话(例如江泽民关于"三个代表"的讲话;中共十七大关于可持续发展的论述等)。两者结合一起,表示了国家或者党的政策就是行动的方向。

除了"以……为……"的短语槽外,汉语语篇中还有其他一些短语槽也对国家政策方针暗用手法从形式上进行固化:

> 例3—17(C1):"凯普"、"双狮"、"双狮王"电池名牌在经历反腐败风雨的洗礼后,更加成熟。

该句中的横线部分就是一个"在……后"短语槽,其中"反腐败"是政府针对违法活动开展的打击运动。

以上几种结构中,核心内容就是国家的政策和党的方针,而行为过程义都表示对该政策和方针的遵从和实现。

以上两个结构中的核心部分均涉及了近几年来国家提出的几个发展方针:"解放思想"(C9、C23、C25)、"三个代表"(C5、C7)、"跨越式发展"(C3、C5、C8、C9、C11、C21)、"和谐社会"(C4、C5、C8、C11、C12)、"与时俱进"

（C14、C18）、"科学发展观"（C4、C5、C8、C9、C13、C16、C17、C22、C24）、"发展才是硬道理"（C19）等。这些公司都把国家的这些发展方针、政党文件中对经济建设的发展目标作为自己的指导思想，以暗用引语的方式对国家的政策和发展目标进行了肯定。语篇努力将这些公司塑造为国家和政党思想的践行者。通过下例我们可对这一分析作进一步解释：

例3—18（C13）：

特变电工始终专注于"输变电、新能源、新材料"三大领域的开拓与协同发展，始终<u>坚持科学发展观</u>，以企业做强、做稳、做精为指导，以提高自主创新能力为先导，实施制度创新和技术创新相结合，不断优化产业结构、产品结构和市场结构，提升企业核心竞争能力，打造国际知名品牌。

在该语篇中，企业被描述为国家发展方针的忠实执行者。其主要特征是通过各类成分的使用体现出来的。首先，语篇作者暗用了国家的发展方针"科学发展观"，以表达对该国家方针的认同，并肯定该方针的正面价值。尽管没有使用引号，但是在现代中国语境下生活的人都能理解这一概念。作者又通过"协同发展"、"做强、做稳、做精"、"提高自主创新能力"、"实施制度创新和技术创新相结合"、"优化产业结构、产品结构和市场结构"、"提升企业核心竞争能力"、"打造国际知名品牌"对企业具体履行"科学发展观"进行说明。相应地，作者选择了一系列表示物质过程的行为动词来凸显被描述的对象执行力，"专注"、"坚持"、"实施"、"优化"、"提升"、"打造"等都表达了被描述对象努力工作的形象，"始终"、"不断"则更强调了参与者行为的持续性，并对企业行为进行判定。

比较两种语篇，德、汉语篇都使用了引用手段，但是德语语篇只限在明引，而汉语语篇较频繁地使用了暗用。汉语语篇中的暗用主要是对国家政策方针的引用，引用的话语来自政府文件、领导人讲话等。

3.3 汉、德语篇的词汇特点

词汇具有多重意义，对词汇的选择以及将词汇进行搭配都具有一定的目的性。经过选择的词汇在语篇语境中形成构建政治文化语境的整体意义形态。下面将对汉、德语篇中比较典型的词汇现象进行分析。

3.3.1 交际参与者的名称表达

自我介绍的描述对象自然是企业自身。在语篇中,作者选择怎样的词语代表参与者,决定作者对外在社会文化环境的回应。能在语言上代表"企业"的有名词和代词,名词往往就是企业的名称,如:利生公司、Stihl GmbH,而代词就是"我们"。在企业和外界的交际中,交际对象主要是客户、政府管理机关以及竞争对手。本节因此主要分析企业面对的交际对象是谁,以及它们之间的关系在小句中如何表现出来。

汉、德语篇中主要采取下表所列词汇标记交际参与者的身份:

表 3—14: 语篇中的交际参与者

所指对象	语言形式	
企业	名词:利生公司, Stihl GmbH 名词词组:Ihre Firma(您的公司)	代词:我们(wir)
客户	名词:顾客	代词:您(Sie)
国家、政府	名词:各级领导	

再对该表中各词项在语篇中出现的频率进行对比,可见,两种语篇在词项的选择上有明显的偏向。借助下表,我们对两种语篇中各词项频率统计数据进行归纳:

表 3—15: 表达交际参与者的词项

词项	汉		德	
	篇数	占比	篇数	占比
公司(名称)	25	100%	0	0
您的公司(名称)	0	0	13	52%
我们	3	12%	20	80%

（续表）

词项	汉		德	
	篇数	占比	篇数	占比
您	0	0	20	80%
客户、我们的客户	3	12%	14	56%
国家、上级	12	48%	0	0
合作伙伴	5	20%	0	0

如表3—15所示，语篇中被描述的对象——企业，在汉语语篇中全部用名词"公司"或者"公司名称"（如：利生公司）来表示，而德语语篇中多数用"我们"和"您的公司"表示企业。另外，尽管按照我们的日常理解，企业的交际对象应该是客户，因为企业和客户形成市场的基本关系即供求关系，德语语篇也确实通过"您"、"我们的客户"这样的形式反映出客户是企业的交际对象。但是，汉语语篇中"国家"、"上级"及其替代形式被作为交际的参与者经常提及，而"客户"直接出现的次数极少。上述分析告诉我们，在汉、德语篇中通过语言分别构建了如下的交际关系：

图3—5：语篇中的交际关系

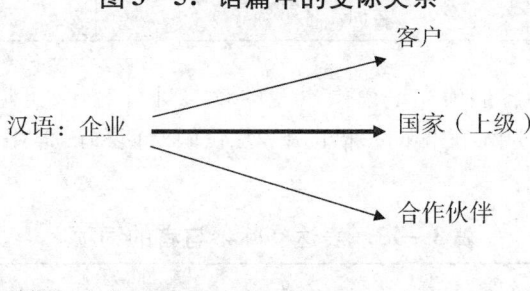

这样的交际关系显性在语篇表层。汉语语篇中"国家"和"上级"等词语在各语篇中出现的比例较大，数量上已经超过了"客户"以及"其他交际对象"（见表3—15）。借此可以判定，汉语语篇对交际关系的构建，很大程度上需考虑"国家"和"上级机关"的因素，客户因素居于次要位置。德语语篇中,企业的交际对象就只有"客户",别的交际对象完全没有作为语篇构建的考虑因素。

除了在交际关系方面存在差异外,两种语篇在对表示施为人参与者的词语选择方面也有一定的差别,下表可见两种语篇对某种属性的限定:

表3—16：汉、德语篇中施为人参与者及其形式表达

汉语语篇		德语语篇	
参与者	形式结构	参与者	形式结构
中国卫通（C7） 利生公司（C3） 南瑞继保（C4）	名词	您的 Forbo（D1） 您的 Stihl（D2） 您的安装服务商（D3） 我们的客户（D11）	物主代词＋名词

如该表所示,德语语篇通过物主代词"您的",对名词"Forbo"、"Stihl"、"安装服务商"进行了限定,物主代词"我们的"对名词"客户"进行了限定,以此形成所属关系。在这里,物主代词"您的"指客户,"Forbo"、"Stihl"、"安装服务商"指语篇所介绍的对象公司,反之,"我们的"指公司。德语语篇通过物主代词＋名词的结构形式构建出企业和客户的关系,表达企业为客户所有、客户又为企业所有的意义。相比较,汉语语篇中不存在这样的关系构建,所以直接用公司名称表示所指对象。

德语语篇通过物主代词表示的所属关系在语篇中表现出突出的特性,其出现频率较高,在语篇中分布较广,因为只要涉及到参与者"企业"和"客户",就会有物主代词修饰。

另外,在3.2.1章节讲到汉、德典型小句结构对参与者关系的构建,其中已经反映出在两种语篇中交际参与者的地位差异,也体现在作者如何对参与者的身份进行界定的方面。而在词汇层面,参与者的身份直接通过词汇本体现出来。德语语篇在对"客户"的表述中,经常会使用人称代词"我们"、"您"以及物主代词"我们的"和"您的"。通过第二人称代词"您"的使用,使客户成为面对面交际的伙伴,从而直接展现企业和客户之间的交际关系。

例3—19（D7）：

存在的问题**我们和您**一起解决。为此,**我们为您**使用所有的工作形式和工具：工作室、培训、项目、标准软件和个性化的解决方案以及数据库。在和**您**的紧密合作中，**我们**制作出符合**您**实际需要的咨询方案。**我们**有效地、合理地工作，这样**我们**可以在**我们**的解决方案中达到所需的质量和深度。它使我们的服务成为**您**公司具有未来能力的、有价值的投资。**我们**成就非凡，如果我们能用我们的服务解决**您**的问题。

上述段落的小句中，两个交际伙伴往往同时出现，作为施为者"我们"的任何行为都和受益人"您"密切相关，都直接让"您"受益。结合 3.2.1 所述，可以说，"我们为您"这样的结构和语义在德语语篇中广泛存在，并在建立整体的如是篇章结构中发挥重要作用。

例 3—20（D6）：

Görtz

1 **在 Görtz 一切皆可能！**
2 这是我们的哲学。
3 我们首先意指的是给予我们的客户以尽可能最好的服务。
4 这，这为人所能见。
5 即友善的和有效的咨询。
6 那，那为人所看不见，
7 但却是能感受到的。
8 比如完美的组织和由计算机支持的物流。
9 不是为了自己，而是为了您。
10 这样您可以更快地和更轻松地得到您喜欢的鞋子。
11 "没有"在 GÖRTZ 不存在。

小句 3—8 都是叙述公司的服务活动，而在小句 9 语篇进行了转换，强调前面的一切都是为了客户的利益。这样的语言思维模式在德语语篇中还可以通过"我们为您"句式结构的表达变体实现：

例 3—21：

我们从一开始就和我们的客户讨论，并研制针对客户的、灵活的解决方案（D15）

我们向您长期提供大量的用于外部清洁和地基保养的新机器和旧机器。（D16）

我们为您提供完整的方案和贴近生产的设计，并为您的产品设计模型（D22）

三个小句虽然涉及到的事物不同,但是都包含了两个交际对象,即"我们"和"您",作为行为的发出者"我们",其行为都表达"给予"的意义,所给予的东西都旨在满足客户"您"的需求。

更进一步,德语语篇中的物主代词在很多情况下是直接将两个交际伙伴连接起来的桥梁,搭建着相互依存的关系。

例3—22(D1):

您的 Forbo 是一个在全球为客户工作的地板铺垫、粘胶和塑料带生产商。公司有大约5600名员工。在30个国家有30个生产厂和45个销售公司,(他们)能在当地为我们的客户服务。**您的坐落在Paderborn 的Forbo Flooring 有限责任公司是 Forbo 集团公司的销售部,它有90名员工。您的公司总经理是**愿意时刻听取您的意见的 Martin Thewes 先生。作为**您的高值地板铺垫供应商,**多年来在德国市场上工作。

在这里 Forbo 公司被直接描写成客户的公司,让人产生出公司为客户所有,为客户存在的印象。作为交际的一方"您"看到这样的文字后会产生公司只为我服务,为我所用的感觉。

不仅如此,在德语语篇中客户反过来也是被企业占有的对象。

例3—23:
能在当地为我们的客户服务 (D1)
以便我们的客户能履行他们的交货期 (D4)
我们首先指的是给予我们的客户以尽可能最好的服务 (D6)

在以上三个小句中,物主代词"我们的"都修饰客户,也表达了一种行为人(企业)和受益人(客户)之间的所属关系。企业和顾客相互被当作自己的私有财产。这里的所属关系并不是单向的,不仅你是我的,而且我也是你的。德语语篇在多处地方表达了这个观点:"我的服务"、"我的组织"、"我的技术"是为了"您的舒适"、"您的方便"(见 D6)。所以不管是物主代词"您的"还是"我们的"都旨在说明一个事实 —— 企业为客户存在。

虽然韩礼德(1994)认为,人际关系的意义是一种在平等条件下独立伙伴之间的给与求的交换关系意义,但是在这里,由于物主代词的强化,我们还看到了一种政治语法构建的占有和被占有的物化关系,而不是独立个体之间的交换关系。

3.3.2　形容词和副词

　　企业宣传语篇的特点便是语篇采用的形式能突出作者想要宣传的事物。在词汇层面往往可以通过添加修饰语突出被修饰事物的价值,其中最主要的词汇手段有形容词和副词。该两类词在汉、德语篇中都大量出现,如"高质的"(D1)、"最佳的"(D1)、"最高的"(D1)、"优秀的"(C1)、"崭新的"(C1)、"全面地"(C4)、"一如既往地"(C4)等,从中可见宣传性语篇的特点,即通过最高程度词肯定自己的行为,夸赞自己的产品。但是两种语篇在该方面也存在差异,其中汉语语篇充分运用预设手段对修饰的事物进行多重说明,并强化被修饰词的意义:

　　例3—24(C1):"凯普"、"双狮"、"双狮王"电池名牌产品在经历反腐败风雨的洗礼后,更加成熟

　　该句中"更加"是副词,对后面的形容词"成熟"进行修饰,其结构和意义呈现如下:

表3—17: 形容词和副词的修饰意义

范例	更加成熟
意义	表达达到的程度
功能	肯定现在状况的同时,又肯定过去的状况。

　　在这里,"更加成熟"是作者对参与人(公司)特征的判别(judgement),"成熟"是褒义,而通过程度词"更加"的使用,作者不仅强调了评价,而且对该行为主体(公司)的特征——"成熟"——进行了预设,即"公司已经是成熟的了,现在比成熟还成熟"。通过预设,作者把自己的看法悄然塞给读者。读者在阅读时自然接受作者的预设,即该"公司已经是成熟的了",而只把目光放在"更加"上面,从而形成"该公司过去是好的,现在比过去更好"的看法。作者的评判也因此而影响读者的评判。总计有10个汉语语篇中采用了这样的手法,并且主要使用"再"、"更加"、"进一步"、"继续"等副词,或者"新的"、"更大的"这样的形容词。

汉、德两种语篇中的修饰语对比如下：

表3—18：汉、德程度修饰语对比

程度修饰语 语篇	形式	意义1	意义2
汉	新的、更大的贡献（C12）	概念意义：表达今后达到的程度	人际意义：通过隐含义肯定过去和现在
德	高质的、令人信服的产品系列（D1）	概念意义：表达目前达到的程度	人际意义：肯定现状

汉语语篇作者力图通过政治语法构建企业的积极进取形象，其构筑的积极进取不是从一种零点状态到新的状态，而是从一个已经达到的高度到另一个新的高度，例如"再造发展优势"、"新的更大的成就"等。这里语篇作者对短语中的信息进行了有意识的处理，即对某些信息进行了暗示，而又不直接道明，使用了在语言学中被称作预设的语言手段。

一般而言，预设是交际双方都早已知道的信息，或至少是听到话语后总能根据语境推断出的信息。共知性是预设的基本特征之一（何自然1988）。从例子"再造发展优势"、"新的更大的成就"中我们可以看出，说话人在说话前已经对所说的事实进行了一种心理判断，或者对将要说的道理有一个基本的看法。短语"新的更大的成就"就是对要说的事实——"成就"已经进行了主观评判，表明目前已经取得了"成就"，同时还含有对行为和事物进行肯定的意义，因为"成就"意味着企业业绩增长、生产能力增强。因此可以认定，该语篇作者要说话时，他已经对明说或者暗说进行了非中立的政治语法偏向的选择。这样的预设有别于一般预设定义，它往往违反预设的"共知性"基本特征。此时的预设具有遮蔽功能，它不能再被解释为说话人和受话人双方以前共知的信息，而只能解释为受话人在说话人的引导下可能会无意识地认同这些被制造成的既定事实。

汉语语篇经常通过以下几种预设形式对企业或者交际对象的行为进行肯定：

1. 副词成分

再登新的台阶（C25）	预设：已经上了一个台阶
再造发展优势（C25）	预设：已经具有某种优势
更加成熟（C1）	预设：已经成熟
进一步解放思想（C23，C25）	预设：已经解放了思想
进一步树立和落实科学发展观（C17）	预设：已经树立和落实
继续做大做强（C3）	预设：已经做大做强
继续实践"走出去"的战略（C14）	预设：已经实践了该战略
继续遵循"团结、诚信、奋进"的企业精神（C23）	预设：已经遵循

"再"、"更加"、"进一步"、"继续"等副词都对以前的行为和行为结果，即取得的成就，予以肯定。这些副词预设了企业原来就已经达到了某种高度，或者完成了某项工作，而现在要继续这样做，并且要超越原来的高度。预设突出了语篇极力塑造的企业进取形象这个主题，并希望取得交际对象对本企业的认同。

2. 形容词成分

更高的要求（C8）	预设：已经有一定的要求
为构建和谐社会做出新的、更大的贡献（C8，C12）	预设：已经做出贡献
开创利生化工新天地（C3）	预设：已经有一定基础
新局面（C14）	预设：已经处于某种状况

形容词"新的"、"更高的"等预设企业已经取得的成就，因此具有夸耀企业正面行为的隐含意义，并表明企业希望突破现发展状况，达到一个更高的高度。例如"新的更大的成就"意指企业已经取得了一些成就，而在此基础上争取突破现状，扩大企业规模，获得远高于现在的利润等。

汉语语篇通过形容词和副词进行预设，以对某种事物或者行为进行评价。它们一般用于表达对公司行为和成果的称赞，但也用来对领导的行为进行评价，如：大唐环境管理层及全体员工在董事会的正确领导下，团结共进……（C12）一句中就通过副词"正确"赞扬领导的行为。并且这种赞扬还会涉及将来发生的行为，例如："在公司党政班子的正确领导下，全体员工将进一步树立和落实科学发展观"（C17），该句中的"正确"就是对将来要发生的行为进行的预设，尽管行为没有发生，但是已经被预设为"正确"的了。

以上列举的形容词和副词,以及未列举的另外一些词语,如"始终"、"进一步"、"继续"、"不断"都包含有"不停止"、"深入"等行为延续的意义,表示行为的持续性程度。它们的伴随性意义即是:肯定自己以前和目前的行为价值,并力图延续这一价值,如短语"进一步解放思想"就表示自己已经解放了思想,但是还要突破现状,走向一个新的状态。"不破不立、持续发展"构成当前中国企业的典型特征,政治语法表现的强势进取即围绕着这一特征构筑中国企业的形象。相应地,参与者的行为针对的目标也都是宏大的,理念、战略、发展、精神、大业、管理、责任等是一种泛义表达,并没有明确具体的意义。

3.3.3 词域

词汇可以指示语篇的色彩,决定语篇的风格:严肃或轻松,强硬或温和,政治的或非政治的,正式的或非正式的等等。总之,词汇都有其归属的"域"。分析汉、德两种语篇,通过比较确认了显现两者差异的词汇要素,其意义和分布见下表:

表3—19: 汉、德语篇差异的词汇要素

词汇	汉语语篇	语篇数(占比)	德语语篇	语篇数(占比)
国家	14	56%	0	0
上级领导	8	32%	0	0
政治运动、政策	23	92%	0	0
客户(您)	4	16%	25	100%
服务	2	8%	25	100%

如表所示,两种语篇在"国家"、"上级领导"、"政治运动、政策"和"客户"四个元素的选择上面存在巨大的差异。特别是"政治运动、政策"广泛地分布在汉语语篇中,而"客户"和"服务"元素则是德语语篇的典型内容特征。当然作为一种介绍企业的语篇,"企业"元素必不可少,其中也包括"产品"、"员工"、"质量"、"技术"等,在这方面两种语篇并无差异,因此不再

赘述。

　　"政治运动、政策"作为汉语语篇的典型元素,使语篇显现明确的中国政治文化语境下的政治话语特征。它们成为识别汉语语篇的指示器。起到相同作用的元素还有"国家"和"上级领导"元素,它们在汉语语篇中出现的频率也较高。

　　"国家"、"上级领导"、"政治运动、政策"一起构成汉语语篇的部分内容和主题,例如在 C4 语篇中,开篇第一段就将所有的上述元素包含其中,

　　例 3—25(C4):

　　　　二十一世纪的中国,高举科学发展的旗帜,坚持可持续的经济发展战略,实施创新型国家建设,为科技创新企业发展带来前所未有的机遇。

　　这段话里,

　　1)"国家"元素通过"二十一世纪的中国"表达出来,它隐喻全国人民,当然也主要包括制定政策的最高领导机关。

　　2)文中的"科学发展"、"可持续的经济发展战略"、"创新型国家建设"都包含"国家"元素,针对的对象都是"国家"。

　　3)"高举科学发展的旗帜","坚持可持续的经济发展战略","实施创新型国家建设"都包含"政策"元素,它们是近几年中国共产党文件、政府工作报告上常用的字眼。

　　所有的汉语语篇元素均由"党的领导"这一元素统一贯穿起来,因为按照这段的意思,全国人民的所有行为都接受党的政策的指引,以达到建设自己的国家这个超越日常个人行为的目标。因为只有一个执政的党才能做出一项全国人民遵守的决策,而这样的决策才可能成为所有企业的目标和指导思想。

　　不仅在该段,在其他的语篇中,"党的领导"这一元素始终构成语篇的重要内容和主题。正如上表所示,共计 23 个语篇中直接涉及"党的政策"的主题意义。当然它在语篇里是隐性的:一、表现为对党的政策的暗用,例如"高举科学发展旗帜";二、表现为对党和政府开展的政治运动的暗用,例如"'凯普'、'双狮'、'双狮王'电池名牌产品在经历反腐败风雨的洗礼后,更加成熟,正以其崭新的面貌向各界朋友致意"(C1)中,"反腐败风雨"隐喻党在中国开展的"反腐败运动";三、表现为对党的政治和经济目标的暗

用,例如"为国家建设效力"、"构建和谐社会为己任"等,其中"国家建设"和"和谐社会"都是党的执政目标。

由此可见,党在国家现实政治生活中的领导作用也直接体现在语篇里,成为语篇的基本主题,形成一条贯穿语篇的主线,如下图所示:

图3—6: 汉语语篇的基本主题

```
              制定   指引
党和政府 ——→ 政策 ——→ 企业行为
```

由于汉语企业介绍语篇主要以党的领导为话语基础进行构建,所以相关语义要素都与"党的方针"有关。汉语里引用最为频繁的党的方针是"科学发展观"、"可持续发展观"、"解放思想"等。尽管有些语篇没有直接引用党的政策方针,但是所有语篇都涉及相关主题,如"发展"主题、"改革"、"国家建设"主题等,它们也因此构成汉语语篇的政治话语主题和内容。例如"发展"作为汉语语篇的基本主题,通过不同的词语搭配不断在语篇中重现:"发展战略"(C1)、"多元发展"(C3)、"快速跨越式发展"(C3)、"国民经济飞速发展"(C4)等。可以说企业的理念、行为都执行党的政策和方针。

与汉语语篇相比,德语语篇中"客户"元素构成语篇的基本内容和与"企业"元素形影相随的主题,因此构成对市场经济下交换关系的映射。每一个语篇都包含众多的"客户"和"服务"元素。在德语语篇里,"客户"元素表现为:

1)"客户"是企业行为的最终目标,如:
"我们愿意在展厅里等待着您"(D10)
2)"客户"是企业行为的受益对象,如:
"我们首先指的是给予我们的客户以尽可能最好的服务"(D6)
3)"客户"被塑造为企业的所有者,如:
"您的GeGa——气体技术企业"(D14)

而"服务"元素均与"客户"相关,并在大多数时候隐含在企业的行为中:

例3—26:
"SIM的今天——工程师和技术员,他们为您服务"(D3)

"在所有涉及 IT 的问题方面,我们作为您的强大的、有能力的和有经验的伙伴站在您的身边"(D5)

德语语篇中的"服务"和"客户"元素使语篇形成"企业的一切行为都为了客户"这一基本主题,即:

图 3—7: 德语语篇基本主题

```
                为了
          企业————→客户
```

通过上述分析可知,汉、德语篇在词汇的选择方面有所偏重。汉语语篇选词主要来自政治领域,其中党的政策和方针是词汇的重要来源。而德语语篇的词汇主要来源于具体的经济交际领域,特别涉及企业和客户的交际关系。由于语域的差异,两种语篇在语义上形成不同的语义要素链,以反映对世界的不同的认识。

3.3.4 类固定短语

固定短语就是语言中形成的词汇固定搭配的词组,所以也被称作词的等价物。汉、德两种语篇都存在这样的短语,例如公司的称谓"利生公司"、"Stihl GmbH"由名词连缀而成,是专名。而对于其他的固定短语,两者在形式上大不一样,汉语中有成语或者类似成语的固定短语,而德语中只有功能动词 + 名词(介词短语)的词汇固定搭配,相当于汉语的固定短语。我们这里只着重分析汉语中的、具政治意味的、类似成语的固定短语,因为在与德语语篇的对比中,它显得特别突出。

什么是具政治文化意义的类固定短语呢? 通过对语篇中四字格和五字格短语的分析,我们发现,党的政策方针往往形成固定的形式,并且在语篇中被反复重现,如"和谐社会"、"以人为本"、"跨越式发展"、"科学发展"等等。它们在汉语语篇中出现频繁。之所以称它们为类固定短语,是因为从形式上看,它们很像成语,可是它们并没有经过约定俗成在长期的语言发展中沉淀下来,而是根据交际需要"临时"创造出来的,例如"以人为本"(比较成语:以日为年)。这些短语虽然不像成语那样作为传承语言中(在成语词典中可以查到）现成的构件供人选用,但是由于其针对特定社会文化语境进行组合,因此也形成了相对固定的格式,当某种特定政治文化语境出现时,也会作为必选的构件为人使用。"从理解方面说,由于它们有比较固定的格式,即使对个别词义不甚了了,也能悟出整体的含义或功能。从使用方面说,四字格在汉语中有稳定、庄重的色彩……"（张斌 2005:131）。张斌从比较积极的角度评价了类固定短语的功能特性,认为它们能使语篇显得稳定、庄重,并使语言精练,产生力度,但是他的研究止于对类固定短语的形式研究,如果进一步考虑宏观政治文化因素的影响,即人们为什么使用这些类固定短语? 这些类固定短语是否真的是为使用人面对实际交际而创造? 特别是当我们看到这些类固定短语在很多同一体裁的语篇中出现,我们就有理由对使用人是否能悟出或者愿意悟出类固定短语的整体意义而表示怀疑。但是类固定短语形式的功能特性在语篇中确实得到了比较好的体现。

汉语企业介绍语篇中出现的涉及近几年政策的类固定短语主要是如下几个:

解放思想、跨越式发展、科学发展观、可持续发展、和谐社会、三个代表

类固定短语多是四字格的形式,但也会出现五字格:

可持续发展、跨越式发展

对于本研究来说,重点在于发现这些类固定短语的形式功能意义和政治文化意义。首先在形式上,作者在语篇中会寻求连续选用这些类固定短语,使其在语篇中形成工整对仗,以产生铿锵有力的效果。这些类固定短语在语义上相似,表达同样的意义。

例 3—27（C15）:

　　东风杭汽继续紧紧把握新的历史挑战与机遇,<u>锐意改革</u>,<u>强势进取</u>,外抓<u>市场营销</u>,内抓<u>企业管理</u>,遵循"<u>携手发展,共创价值</u>"的经营宗旨,<u>培养新风气</u>,<u>树立新形象</u>,在改革发展和建设祖国的大道上阔步迈进。

仔细分析,划线部分的类固定短语形成两两意义相近的对应形式,例如"锐意改革,强势进取"都表达出行为人力求改变现状、寻求变革的迫切心态。在形式上都是四字格,构词方法也相同。"锐意"和"强势"都是副

词,它们分别修饰动词"改革"和"进取",对动词的意义进行强化,并形成动词性短语。其他的三组划线的词语也形成同样的两两对应形式:"企业管理"对应"市场营销",都是偏正结构,功能是名词性的;"共创价值"呼应"携手发展",两个短语为动宾结构,功能是谓词性的;"树立新形象"与"培养新风气"相对应,也是动宾结构,功能是谓词性的。虽然短语构成的结构不一样,但是由于在短短的段落里使用了如此之多的类固定短语,并且相互衬托,它们增强了语言的传播效果。

四字格一起连用,除了使语言显得更加铿锵有力之外,还由于它的易记性和社会共有性,而强化了一种行为存在状态,即大家都在争说"开拓奋进"、"解放思想"、"与时俱进",选择它们,意味着选择集体共有的语言模式。

类固定短语同一般词语一样可以构建现实世界,例如"解放思想"构建了一种将自己从固定思维模式和行为中解脱出来,进行新的思考的积极的行为。所找出的四个出现较频繁的类固定短语具有这样的共同意义,即强调变革和发展。这些类固定短语列举如下,括号中的数字代表它们出现的语篇:

> 和谐社会(4,5,8,11,12)、跨越式发展(3,5,8,9,11,21)、科学发展(4,5,8,9,13,16,17,22,24)、可持续发展(4,5,12,22)

就以"科学发展"为例,看看这些类固定短语在语篇中出现的语境:

二十一世纪的中国,高举科学发展的旗帜(C4)
京煤集团……以科学发展观为统领……(C5)

另外,这些类固定短语都是来自党和政府的文件,或者领导人的讲话,例如"和谐社会"、"科学发展"、"可持续发展"、"解放思想"等等,因此类固定短语具有很强的政治话语特点。

第四章

政治语法研究的意义

运用系统功能语言学理论对政治语法进行研究具有一定的现实意义，它着重于发现语言的社会功能如何在特定的政治文化语境下体现，即研究在政治体制的约束下，语篇如何构建政治话语和协调人际关系。本研究中，我们把宽泛的社会语境具体化为现实政治语境，其核心是中、德各自的政治体制。本研究的意义在于，指出了企业自我介绍等公共宣传语篇中政治语法这样的语言结构的存在，而它的现实性在于，它对宣传性语篇中的政治趋向研究、跨文化交际研究、外语教学以及翻译等都有一定的启示。下面我们从这几个方面进行探讨，并提出今后的研究建议。

4.1 政治语法与特定现实政治语境

我们在本研究的前言中指出，现实政治语境对语篇构建有一定的影响。现实政治语境，特别是一个国家长期以来形成的政治体制，影响着社会生活的每一个方面。经过对 50 篇汉、德企业介绍语篇的对比，我们发现，两种语篇的结构和话语特征与本国政治体制的各种规范相吻合。由此表明，政治交际目的在语篇形成中更具逼迫性，即它远胜具体企业语境下的实用交际目的。汉语企业介绍中，讲到公司取得的成就往往会以"在……的领导下"、"根据……的政策"等开始；讲到公司的发展目标往往会引用现时的方针政策。德语企业介绍同样具有强烈的政治交际目的，虽然这里的政党色彩少一些，但是其中并不缺乏政治话语。在德语语篇中，语言旨在表达与该国政治体制和立国思想一致的特征，形成以"您的企业"、"为您服务"这样的处处以个人利益为基础的话语建构。

政治语法是一个复杂的语言现象,它可能出现在任何语篇中,而它又是一个不能轻易根据某种语言形式结构进行概括的语言使用。在这里我们遇到了系统功能语言学分析中普遍存在的难题,即虽然我们认同"形式是意义的实现手段,意义由形式来体现"的观点,但当我们对某种特殊语义结构进行甄别和分析时,语言上的外显标志无法完全成为分析的依据。因为,如果从词性上进行分类,并进行政治语法的确认,虽然语言具有外显标志,但是从以上的分析中我们知道,词性不是充分条件,我们无法确定哪些名词、动词、形容词在语篇中散发了其政治性意义。很显然,这些类别不能分别与功能对应;我们只能从意义入手,分别对概念和人际意义价值进行分类,也就是撇开与现实世界相对应的客观描述,着重对比较性的、主观的和充满社会政治价值的伴随性意义进行分析。识别政治语法就是识别比较、主观性和社会价值标记。从这种意义上讲,政治语法就是任何能与常规相比较的东西。所谓常规,就是我们所指的信息性语篇应具有的客观性,即企业的客观实在,例如对企业产品、人员、企业部门的介绍等,该类语篇完成告知功能。对比汉、德语篇,它们在常规的、客观的方面并不存在太大差异,而在主观性和社会价值方面则存在差异,这种差异如我们所分析带有较明显的政治色彩。本研究完成了对语篇伴随性政治文化意义的揭示,也为今后的跨文化比较研究提供了一个分析视角。

确认政治语法的标记,往往有赖于语境。是否有显见的政治倾向,是否包含政治价值,均可以通过语境发现。但我们也都知道,语境是一个非常敏感的变体,把握不好就容易陷入多重阐释的泥潭。这就需要我们确证一国的宏观政治文化,并在此基础上,从体裁、语域、语言元功能入手,对语境意义进行比较好的和恰当的阐释。针对本研究的语料,可资说明的是,汉、德企业介绍语篇都在其所属各组内呈现较为稳定的一致性,并共同指向其源自的政治体制背景。正是这样的一致性让我们能够将语篇世界和我们具有的现实世界的知识联系起来,从而理解政治语法在概念和人际两方面的构建意义。所以,我们的做法是将两种语篇对比分析,从而能充分认识到一种语篇具共性的特征,它同时又是和另一种语篇相区别的典型特征。

可以说,研究语篇的政治语法意义,就是研究语言在政治体制约束下的使用功能。系统功能语言学为此提出了完整的理论和方法,并从多个角度对语言在使用中的功能进行分析。政治语法分析也是语言功能分析的一种,但更倾向于发现语篇中特殊的、具典型政治意义的、符合其时人们思维的语义结构。政治语法建构的话语符合某一个特定社会的主流政治行为特征。在中国,占主流的企业依然是国企,它们是公有制的主要组成部分,因此对自我的正面性塑造就是把自己塑造为国家的建设者,并把和国家权力机关进行协调作为主要的任务。同时由于自己的主流地位,它们可以调动社会的一切丰富资源,并获得国家权力机关的认可。在德国,大部分企业都为家族企业,即使具有国家资本的企业也要符合基本法对企业自主经营和市场竞争的要求,并没有多少国家的烙印,企业的生存比较倚赖市场的供求关系。企业必须向服务对象推销自己,因此要和消费者或者客户协调,以博得他们的认同,并维持和客户之间的长期利益关系。中国和德国不同的企业性质是由两国对政治体制的选择造成的,这一点可以从两国规范各自国民行为的宪法中得到确证。在这样的大背景下,政治语法发挥作用,因为它就是社会主流势力的思维方式和语言行为方式。人们在从事公共宣传语篇的写作时,可能会接受这些能反映主流意识的政治语法结构,从而与社会中的主流势力进行协调。

4.2　语篇对比研究的政治语法视角

本研究把政治语法作为语篇对比研究的视角。政治语法特指在特定现实政治语境的约束下建构某种政治现实的语言实践,即语言使用是如何围绕社会中的现实政治的产生和协调来组织的,是如何受人际政治交往规则左右、支配的,又是如何反过来重构政治现实的;这些规则决定谁能说,谁不能说,说什么和在什么时候说,什么样的话被认为是必须要说的,什么样的话是不可接受的。本研究认为,在语言使用过程中,即在人们试图通过语言构建现实的过程中,现实政治"在上层建筑中占统率地位"(《辞海》

2009），最深刻地影响到人的思维和行为，并造成两种不同文化语篇的最显著差异。它因此应该成为对比研究的重要视角，而不应笼统地和传统哲学思潮（例如孔子、亚里士多德的思想）、世故人情、风俗习惯、经济、历史、地理等一起作为文化的一部分进行研究，因为政治的产生主要与一个国家的制度有关，即社会形态、组织体系、阶级关系、阶层关系、人与人的关系、人与机构的关系等等。一言以蔽之，现实政治是每一个人每一天的生活环境。例如大多数中国人的生老病死都与单位息息相关，个人在单位中的地位、单位状况的好坏决定了一个人的生活，因此上下级关系、单位和上级部门的关系就很重要；而德国人的生活都与社会相关，养老金、医疗保险、失业金都有专门的公司或者机构负责，个人和机构之间都是社会契约关系。"单位"和"社会"是不同政治体制的产物，或者说是一个特定政治体制中的组成部分。

现实政治语境促成了语言中政治语法的形成。中国政治环境下，社会主义制度、意识形态以及思考方式影响着在这里成长生活的每一个人，并渗入到汉语里，形成固定的语言模式或者人们常说的"表达习惯"，其中包括词汇语义、句子结构、篇章结构。对于中国人来说，这样的语言已经是习焉不察了，因为我们从小学到中学、大学，乃至进入社会以后，经常学习、接触和使用这样的语言。

仅以汉语词汇为例，汉语中有不少词语在德国统一后的德语里没有相应的对译词，即便有，内涵也有所不同，这些词语主要有以下几个方面（参见杨德峰 1999:97）：

政治制度：人民代表大会、政协、民主集中制、爱国统一战线

政治组织：共青团、少先队、民主党派

行政机构：乡、村、镇、组织部、宣传部、政策研究室、计划委员会、计生办

职务：团委书记、学习委员、课代表、县委书记、村支书、干部

政策方针：三个代表、以人为本、农转非、自我批评、行风行评

这样的词语都具有政治性，是围绕社会主义制度构建的语言体系，同时是对话语内容和各种关系的规范。前东德的德语可以对此予以佐证，因为东德德语中可以发现相似的词汇，例如东德德语里也有"积极分子"、"先

锋队"、"少先队"、"革命"、"国家建设"、"社会主义事业"等（比较 Fix 1998）。在汉语企业介绍语篇中经常出现的表达方式在东德德语中也频繁出现，例如面向未来的表达："vorwärts zu neuen Erfolgen"（向新的胜利前进）、"weitere Vervollkommnung"（进一步完善）等等；"noch"（更）这样的表达也经常出现，例如"Vorzüge des Sozialismus noch besser zur Entfaltung zu bringen"（让社会主义的优越性更好地发挥）、"diese Methode noch umfassender zu nutzen"（更广泛地使用这个方法）、"sich noch schneller entwickeln"（更快地发展）等等（比较 Gärtner 1998），和汉语一样，也同样以预设的方式对过去的状况进行肯定。

较之于词汇，从政治语法角度进行跨文化交际研究，更应重视句子结构、政治隐喻以及政治套话的研究。例如下面这句话：

我们做了他一宿的思想工作。

这里的"做思想工作"与"做家务工作"、"做家庭作业"完全是两码事，"做思想工作"是政治化的隐喻，它符合马克思主义的辩证法思想，即事物是变化的，人是发展的，我们不仅可以改变世界，也可以改造人。同样，"实践是检验真理的标准"、"走群众路线"也是取自马克思主义的唯物主义思想。因此马克思主义的辩证法和唯物主义以及社会主义制度在很多方面影响了语言，对政治语法结构的形成具有重要的作用。我们中国人生活在这样的环境中，这样思考、这样行为，成为我们思想和语言的不可分离的一部分。

但是中国人习惯的种种，对于德国人而言则不然，他们生活的现实政治环境、所处的社会政治制度与我们完全迥异，所受的政治教育也跟中国人完全不一样，遇到具有中国特色的政治词语或表达方式时，他们往往很难理解或不能很好地理解，常常出现交际上的障碍。我们只要从政治语法的角度对此进行考虑，就可以很好地理解这些现象。反过来说，德国人的语言中也同样有很多政治性的表达，包括词汇、小句结构、篇章结构等。

德国人的政治语法使用主要围绕"我的权利"，因为该社会就建立在自我利益驱动的基础上。这种"我的权利"在国家和社会层面上就体现为所谓的"人权"。德国等西方国家到处宣扬人权，处处标榜"自由"、"民主"、

"正义"等,其本质就是强调以个人自由为中心的人权,推崇自我利益的最大实现。因此德国人更强调自己的利益。相应地,政党体制、国家机关、法律也都代表和维护这样的个人或者团体利益,其语言的表达方式包括:"我有权利要求……"、"我没有义务……"。这样的话语如果放在法律文件中,我们中国人可能也不会觉得特别。但是在日常生活中,德国人几乎每时每刻都把"我"字挂在嘴边,这可能就会让很多中国人感到厌烦,觉得他们眼中除了自我以外,没有别人。

政治语法常常成为西方政治权术的工具。德国等西方国家虽然处处标榜人权,显得自己很有正义、很博爱,但实际上,西方政治家们借助"人权"的伪装,通过语言构建了"人权"政治话语,抢夺了话语权,用人权绑架了全世界人民。因为只要使用"人权"这个词,人们就很难摆脱西方政治家预设的前提:我(西方政治家)所定义的人权就是唯一正确的、标准的定义,因此,只要说"人权",就必须按照西方政治家的逻辑去做。"人权"成了普世价值,就好像中国人从来没有自己的价值似的,或者中国人的"扶危济困"、"为人民服务"、"天下为公"就不是普世价值似的,就不是"好"政治似的。

所以,政治语法除了明确可见的与现实政治相关的词汇语义、小句结构和篇章结构之外,其背后是一种政治的行为方式。西方政治家在国际政治中经常做出的行为就是:通过语言的形式将某些东西固形,再把这些东西和最人性的人类价值联系起来,并反反复复强调这些词汇和概念,到处都用这些词汇和概念,从而抢占了政治话语先机。诸如"人权"挤走了"互帮互助","自由"挤走了"为人民服务","宪政"挤走了"己所不欲,勿施于人"等等。从这点意义上看,政治语法就包括针对某些人、在某些场合、在某个时间使用某些固定的词汇和表达方式的语言行为。虽然有关政治语法是政治的行为方式这一点,本研究没有进行深入地探讨,但是本研究看到了这一点,并深刻地认识到这样的行为也潜藏在德语企业介绍语篇里。因此,语篇对比研究的政治语法角度除了研究人们如何使用符合现实政治语境的语言,以协调社会关系外,还应注重研究人们使用语言时通过占有概念、抢夺语言制高点产生的压制性政治行为。

政治语法研究的启示

对政治语法的研究不仅能让我们了解语篇的文化差异问题,引导我们在阅读语篇时,对其中的政治性特征予以关注,也同时能让我们认识到,在日常生活和工作领域里,必须注意到语言使用过程中政治语法的存在。

4.3.1 政治语法研究与外语教学

本政治语法研究表明,具政治意义的概念和结构存在于如企业自我介绍这样的一般性语篇中,因此也很可能涉及所有公共领域。外语教学中,很重要的问题便是教学目标的确立、教学材料和教学方法的选择。通过本研究,我们已经能够明确,社会现实政治语境和语篇不可分割。因此,教学也应建立在此基础上。

但是,传统外语教学,甚至目前的许多外语课堂,依然把文化(其中包括政治、经济等)看作知识,语言只是知识的一个传承工具。外语教学实践中,一般将语言技能训练分成听、说、读、写四项,注重词汇和语法规则的学习,强调语言使用的正确性,如拼读正确、句子结构正确,基本不会注意语言中包含的意识形态意义。虽然外语教学也把了解目的国政治、经济、文化等作为教学的重要内容,但是政治、经济或者国情等是作为知识单独被传授的。例如德语一年级本科教材中有关于德国人的"邀请"、"做客"等习俗,但都没有把它们和语言看作整体,没有从"德国人是如何表述邀请的"、"德国人是如何接受邀请的"这样的角度,调动学生通过使用语言学习文化的积极性。在三、四年级则直接把德国的文化,包括政治、法律、社会形态等,作为课堂内容主题讲授,而把它们和语言剥离开来。课程设置上,也按照语言技能、专业知识和文化知识几个大类划分。开设的课程一类如"德语视听说"、"基础德语"、"德语写作"、"德语阅读"、"德语口译"等注重听说读写译的语言技能型课程,另一类如"德国社会与文化"、"德国文学"、"德国历史"等注重目的国文化知识传授的课程,还有一类如"经贸德语"、"科技德语"、"旅游德语"等注重专业知识学习的课程,三类课程都只偏重一面,都把语言和文化分开。

在对语言的政治语法研究中,我们进一步确认,语言和文化是合为一体的。而洪堡(1836)早就明确提出了这一观点:"一个民族的精神特性和语言形成这两个方面的关系极为密切,不论我们从哪个方面入手,都可以从中推导出另一个方面……语言仿佛民族精神的外在表现;民族的语言即民族的精神,民族的精神即民族的语言,二者的同一程度超过了人们的任何想象"(姚小平译 2002:52)。从语言教学实践的角度,Kramsch(1993:8-9)也对将文化与语言分开的做法进行了批评。她认为,应该采用完整的"多元合一"眼光看待语言与文化这"一个硬币的两个侧面",这样更有利于把握语言文化教学,使之有机地、有效地合为一体。因此,在外语教学中应该注重语篇教学,因为语篇是作者利用语言和社会环境互动的产物。Kramsch 认为,语篇和语境互不分离、互相依赖,完全接受韩礼德将语境看成是"语篇展现的全部环境"(Halliday 1978:5)的观点,并认为语境是由具有不同身份的人们在交际对话中塑造而成,与语言语篇共存。过去外语教学中那种仅仅注意有声有色、白底黑字的语篇的教学方式无法培养学生对政治话语的感知,在跨文化交际日益频繁的今天,外语教学应把人们的注意力同时引向弦外之音、话外有话的语境。为此,Kramsch(1993:67)指出:

> Teaching a language is teaching how to shape the context of the 'lesson' as an individual learning event and as a social encounter with regard to its setting, its participant roles, the purpose of its activities, its topics of conversation, its tone, modalities, norms of interaction, and the genre of its tasks. The way context is shaped through the foreign language determines the types of meanings the students will be allowed to explore, discover, and exchange. The more potential meanings they are encouraged to discover, the richer the opportunities for learning.

可见,Kramsch 不赞成那种照本宣科、就文论文的简单做法,而竭力提倡教师应创造课堂的文化语境,把语言教学搬上一个"社会大舞台"(a social encounter),教师学生以不同角色交际对话,发生文化互动。由社会语境贯穿的外语会促使学生发现、探索和改变。Kramsch 倡导的语言课堂,把语篇作为教学材料,并且考虑到了语境的因素,是将功能语言学实践于教学的尝试,极大地改变了传统的以解析语法规则、记忆单词为主的语言教学方式,可以通过任务充分调动学生探索研究的积极性和解决问题的能力。

对于语境的学习,教学中可有许多具体做法,由师生共同创造的课堂文化环境中,台词、场景交融一体,不同角色从不同角度围绕话题互动。许多问题都可以成为这个大舞台上的演练素材,例如"东西德统一问题"、"德国的土耳其裔问题"、"中德不同价值观问题"等等。课堂上,可以将代表各种观点的材料交给学生,让学生以不同角色从不同角度对某问题进行辩论,从而提高他们对包含政治价值观的语言的感知。由此而将语境与语篇联系了起来,从而摆脱那种照本宣科、就文论文的简单做法。

但是,我们在赞同语篇语境教学的同时应该清醒地认识到,Kramsch 倡导的语言课堂语境教学模式,是在欧美存在大量移民问题的背景下产生的,客观上为欧美的文化政策服务。西方的外语教学表面推崇的教学目的是"文化融合"、"全球化",培养学习者多文化环境下的生活方式、融入多文化环境的意识及能力;但政治语法研究告诉我们,任何语篇都必定符合它源自的社会文化,西方的教科书、教师一般会推崇西方的主流价值观和意识形态,因此西方的外语教学目的本质上是通过语言教学灌输西方的价值观和意识形态,多文化融合最终演变为主流文化对其他文化的吞没。Kramsch 倡导的语境教学更容易通过潜移默化改变学习者,俘虏其为西方的政治服务。

语境学习能够提高学生对社会文化价值观的感知,但并不一定能培养学生对政治态度和政治行为的辨析和批评能力。因此,在语境学习之外,特别是涉及到政治方面的跨文化交际问题时,加强在课堂上的语篇对比分析尤为重要。例如在"涉藏问题"、"人权问题"上,德国政府和媒体发布了许多违背事实的言论,如果不加分析地将这些材料发给学生,辨别能力较弱的学生将会不知不觉受到语言的影响,接受其中的观点。即使许多表面看起来或者宣称所谓中立的报道,在进行政治语法分析后也一定能见其中隐藏的意识形态意义。因此,教师应在课前充分准备,要将中国以及其他国家友好人士针对同样问题的讲话和报道同时发给学生,通过对比,学生将很容易发现教学材料中的不同政治价值观。

另外,我国的外语教学目标和西方的外语教学目的有很大的不同。我国的外语教学目的必须符合我国教育的总体目标。《中华人民共和国高等教育法》(1998)和《中共中央国务院关于深化教育改革全面推进素质教育的决定》(2001)等文件里已经明确提出:"高等教育必须贯彻国家的教育方针,为社会主义现代化建设服务,与生产劳动相结合,使受教育者成为德、智、体等方面全面发展的社会主义事业的建设者和接班人。"外语教学当然也要为"培养社会主义事业的建设者和接班人"服务,即在教学中要帮助学生培养正确的价值观和政治态度,提高他们的分析能力、批判能力。有关该方面的研究显然还不够,许多东西还停留在字面上和口号上,缺少配套的内容。要真正在外语教学中贯彻我国的总体教育目标,实现教书育人,外语教师必须立足自己编写教材。对引进的国外教材,教师必须进行正确的政治语法评估,在教学中要和学生充分讨论其中的政治策略和意识形态意义。此外,教师和学生都应对中国自己的发展历史、政治形态、立国思想进行深入学习,以提高政治素养。

总之,政治语法研究对外语教学的启示意义在于:

1)外语教学是语境语篇教学,其中必定包含政治元素;

2)对外国的原版材料必须持一定的批评态度;

3)必须始终把握我国的教育方针。

4.3.2 政治语法研究与翻译

翻译中会经常遇到政治语法,其中主要涉及到两个问题:一、某些概念、表达方式只产生于特定的社会政治语境,翻译成目的语时往往需要找到合适的表达方式;二、某些表达属于某文化体裁类型中的必要组成部分,却不符合目的语文化的体裁规范,翻译时需要根据译文目的、交际对象的需求进行翻译。

就第一个问题而言,不同政治文化背景下产生的政治语法,有些是显而易见的,例如政治体制不同,则有不同的词汇概念来表示它们。汉、德语涉及政体的不同词汇有人民代表大会(汉)、联邦众议院(德)、政治协商会议(汉)、联邦参议院(德)、民主党派(汉)、左派(德)、右派(德)等等。翻译时可以直译,一般不会引起歧义。但有另外一些概念并非显而易见,经常不为人轻易察觉,原因就在于,人很难摆脱政治环境对自己的影响,某些固定的概念和语法结构深植于心,翻译时常常发生误用。例如中国出版的德语报纸杂志中,经常出现"Privatunternehmer"(私营企业家)这样的词,而在德语字典里我们根本找不到。在进行了政治语法研究后,可以发现它们原来是专属于中国文化的,是政治的。"私营企业家"概念来自中国的现实政治,该概念预设了对应概念"公有制"的存在,虽然在汉语里并没有"公营企业家"的存在,但是汉语常常通过总概念"企业家"表示经营国有企业的负责人,所以"私营企业家"概念是因为政治的因素而进入语言的,相对于"企业家",它是非常规的、另类的概念。该概念在汉语中是合理的,合乎中国的现实政治,但是在目标语德语中则是错误的,不可用的。在此,可以通过语法研究找出这一类错误的系统性问题。德语复合词是德语词汇区别于其他语言的典型特点,为了构建某种语义,德语容许将两个词组合一起。德语里有"Privatwirtschaft"(私营经济)、"Privatbesitz"(私有财产),正因为这样的复合词的存在,人们很容易想当然地将汉语中的概念套入该复合型结构,从而生造出"Privatunternehmer"(私营企业家)概念。而该概念在德语里根本不存在,德语的"Unternehmer"(企业家)表示"企业的所有者",而国有经济中在国家企业里担任企业领导人的经营者,在德语中不能被称作"企业家",因为他们并不拥有企业。

汉德互译中上述概念不对等的翻译情况经常会出现。特别涉及到政治话语时,许多概念只为某社会所拥有,例如汉语的"和谐社会"、"三个代表"、"阳光工程"等等。如果直接按照字面意思翻译,必然会引起误解。因此涉及到这类翻译时,最好不要直译,而可以采取解释性翻译的做法。

第二个难题是翻译中更难以处理的、体裁中的文化相关性问题。汉语体裁中必选的成分在德语里可能被视为多余,反之亦然。这里特别涉及到翻译的策略问题,处理得好,则可以使交际顺畅,处理得不好,则造成交际障碍。本研究的语料很能说明这一点。企业自我介绍语篇属于公共宣传类语篇,汉语的这类语篇中经常会出现大量篇幅的背景介绍,例如国家的宏观经济发展状况、国家的政治经济政策等等,而在德语相同类型的语篇里则没有这类背景介绍,语篇内容紧紧围绕题目本身。遇到这样的问题,译者必须采取一定的策略,以使双方的交际能够成功。比较好的处理方式是,将这些部分进行适当的删减和重组,挑出关键词,力图突出主要信息。作为译者,在遇到此类问题时,应该有明确的认识,切忌抱着忠实于原文的思想,不敢逾越雷池半步。一般而言,除了领导人的讲话或者正式文件,其他语篇在翻译成目标语时,译者均应有一定的灵活处理权限,但同时要正确地传递其中的价值观。

如在遇到政治性概念、评价性文字的时候,译者应该根据目标组的文化特点,做适当的修改。汉语企业介绍语篇中经常出现称赞上级的语词,如"在省政府的**正确**领导下"、"在社会各界的**关怀支持**下"、"国家的发展战略为企业带来**新的机遇**"。如果将包含这些赞美词的语篇翻译成德语,我们需要清楚地知道,交际对象已经不同,他们的信息需求也不一样,语篇要实现的目的也与原文不同。一般来说,企业介绍等宣传性语篇的目的在于提供信息,因此在翻译时译者应该根据交际对象的信息需求,以及译文提供信息的目的进行翻译,同时清晰地把握隐含的伴随性政治文化意义。

总之,政治语法具有较典型的现实政治特征,它可能弥漫在许多公共宣传语篇中,在进行翻译时,如果涉及到的不是领导人的正式讲话,或者并无明确的政治宣传目的,就应在不损害基本价值观的基础上,尽量根据目标对象、翻译目的进行灵活翻译,以尽可能避免交际障碍。

4.4 本研究的局限性及今后的研究设想

针对语篇中政治语法的研究,一方面证明了系统功能语言学的巨大解释力,另一方面丰富了系统功能语言学研究。从政治语法的角度进行跨文化语篇对比,就是试图更加明确地解释公共宣传语篇的差异问题。在公共宣传语篇中,不同文化语篇的差异实际上体现为对不同政治体制的反映和协调。具体来说,本研究通过对汉、德企业介绍语篇的对比研究发现,在不同的政治体制的影响下,汉、德语篇各层面的形式结构和其源自的政治文化环境之间存在交互关系,对现实政治的反射和建立政治关系构成汉、德语篇的主要差异。汉语语篇承担的概念功能通过语篇对"国家政策"和"企业执行政策"的反射予以实现,而其人际功能则试图通过建立上、下级附属关系——上级为政策的发出者,企业为政策的执行者——予以实现。德语语篇也力图实现回应现实政治的概念功能和人际功能。从概念功能上看,德语语篇重在描述"企业的服务"和"顾客的利益";从人际功能上看,德语语篇则主要试图建立企业与顾客的相互利益关系。

　　本研究的重点在于从政治语法的角度对语言功能要素进行分析,并指出因政治语法因素的存在,即语篇中出现的为了反映现实政治、与现实政治相协调的语言结构,而形成的语篇典型呈现样式。但是,今后同类型的研究,还应该更进一步地深入到文化语境之中,以核实和精确阐释语篇的意义,例如可以采取调查问卷、访谈等定量分析方式对企业员工的行为和思想偏向进行研究,以便从政治语法的角度观察企业宣传性语篇对企业员工行为的影响。另外,既然我们认为政治语法是共同宣传语篇中普遍存在的现象,那么如果选择其他类型的语篇也应该可以得出同样的结果,这方面就有待通过进一步的研究予以确证。最后,本研究虽然指出了政治语法在语篇中的存在这一趋势,并同时指出它是不同文化语篇差异的原因,从而达成了我们的研究目标,但是我们和德国的内容语法和批评话语研究者一样,始终为未能大面积地在语篇中找出特定的结构对应特定政治文化意义而困惑,并且也没有顾及由于社会政治文化的发展导致的政治语法的变化。这方面的深入研究必定要配合历时语篇对比研究才能实现,即了解其时的语言结构和其时的政治思潮的对应。但是,通过政治语法研究,我们已经看到了系统功能语言学的强大分析力和解释力,只要沿着这条路走下去,就不仅能找到语篇中反映政治体制的表达方式,也可能最终在特定语言结构和特定政治思维之间建立一个对应模式。

　　另外,我们在书中主要探讨了如何从政治语法的视角发现德汉语篇的不同,研究资料也因此局限于所收集的企业宣传语篇,而对于这些语篇中没有出现的政治词语,特别是德国社会生活中存在着的政治词语并无涉及,限于研究目的和写作的顺畅也无法涉及。这些缺憾也需要通过进一步的研究来弥补。

参考文献

Akenda, Jean C. K. *Kulturelle Identität und interkulturelle Kommunikation* [M]. Frankfurt a. Main: IKO, 2004.

Anderson, J. R. *Kognitive Psychologie* [M]. Heidelberg: Spektrum, 1996.

Austin, J. L. *How to Do Things with Words* [M]. New York: Oxford UP, 1962.

Bakthin, M. M. *The Dialogic Imagination. Eds. and trans. Caryl Emerson and Michael Holquist* [M]. Texas: University of Texas Press, 1981.

Bazerman, C., & Prior, P. (Eds.). *What Writing Does and How It Does It: An Introduction to Analyzing Texts and Textual Practices* [C]. Mahwah, NJ: Lawrence Erlbaum, 2004.

Bauer, G. *Sprache und Sprachlosigkeit im "Dritten Reich"* [M]. Köln, 1988.

de Beaugrande R. -A. & Dressler, Ü. -W. *Einführung in die Textlinguistik* [M]. Tübingen, 1981.

Bergmann, J. R. & Luckmann, T. Reconstructive Genres of Everyday Communication. In U. Quasthoff (ed.): *Aspects of Oral Communication* [C]. Berlin: de Gruyter, 1995.

Berkenkotter, C. & Huckin, T. N. Rethinking Genre from a Sociocognitive Perspective. In C. Berkenkotter & Huckin (eds.): *Genre Knowledge in Disciplinary Communication: Cognition/Culture/Power* [C], 1 –25. Hillsadale: Lawrence Erlbaum, 1995.

Bhatia, V. K. *Analysing Genre: Language Use in Professional Settings* [M]. New York: Longman Group, UK Limited, 1993.

Bindenkopf, K. Politik und Sprache, 1973. In Heringer (Hg.): *Holzfeuer im hölzernen Ofen. Aufsätze zur politischen Sprachkritik* [C], 189 –198. Tübingen, 1982.

Bloor, T. & Bloor, M. *The Functional Analysis of English: A Hallidayan Approach* [M]. London: Edward Arnold/Beijing: Foreign Language Teaching and Research Press, 1995/ 2001.

Blum-Kulka, House, J. & Kasper, G. *Cross-Cultural Pragmatics. Requests and Apologies* [C]. Norwood, 1989.

Böttger, C. Genre-mixing in Business Communication. In Juliane, H. (ed.): *Multilingual Communication* [C]. Philadelphia: John Benjamin, 2004.

Brecht, B. *Gesammelte Werke* [M]. Bd. 9, Werkausgabe edition suhrkamp.

Frankfurt, 1967.

Brinker, K. *Linguistische Textanalyse: eine Einführung in Grundbegriffe und Methoden* [M]. 5. durchges. und erg. Aufl. Berlin: Erichi Schmidt, 2001.

Brown, P. and Levinson, S. *Politeness: Some Universals in Language Usage* [M]. Cambridge: Cambridge UP, 1987.

Buhlmann, R., Fearms. A. & Leimbacher, E. *Wirtschaftsdeutsch von A-Z. Lehrund Arbeitsbuch* [M]. Langenscheidt, 1999.

Buscha, J., Freudenberg-Findeisen, R., Forstreuter, E., Koch, H. & Kuntzsch, L. *Grammatik in Feldern* [M]. Hueber, 2006.

Büchle, K. *"Briefkontakte" — Aspekte eines interkulturellen &interlingualen Textvergleichs* [M]. In Kultur und Sprache, Berliner Beiträge zu Deutsch als Fremdsprache 1, 1991: 19 -30.

Campell, C. P. Rhetorical Ethos: A Bridge between High-Context and Low-Context Cultures? In S. Niemeier, C. P. Cambell and R. Dirven (eds.): *The Cultural Context in Business Communication* [C]. Philadelphia: John Benjamins, 1988: 31 -47.

Carrell, P. L. & Eisterhold, J. C. Schema Theory and ESL Reading Pedagogy. *TESOL Quarterly 18*, 1983: 553 -573.

Chao, Y. R. *A Grammar of Spoken Chinese* [M]. Calif.: University of California Press, 1968.

Clyne, M. Zu kulturellen Unterschieden in der Produktion und Wahrnehmung englischer und deutscher wissenschaftlicher Texte [J]. Info DaF 18, 1991: 457 -474.

Clyne, M. *Pragmatik, Textstruktur und kulturelle Werte. Eine interkulturelle Perspektive* [C]. In Schröder, Hartmut (Hg.): Fachtextpragmatik (= Forum für Fachsprachenforschung; 19). Tübingen: Narr, 1993: 3 -18.

Clyne, M., Hoeks, J. & Kreutz, H-J. Cross-cultural Responses to Academic Discourse Patterns [J]. In *Folia Linguistica 22*, 1988: 457 -474.

Coe, R. M. & 胡曙中. 英汉对比修辞研究初探 [J]. 《外国语》,第 2 期,1989: 40—47.

Connor, U. *Contrastive Rhetoric: Cross-cultural Aspects of Second-language Writing* [M]. Cambridge: Cambridge University Press, 1996.

Cramsch, C. *Context and Culture in Language Teaching* [M]. Oxford University Press, 1993.

van Dijk, T. Textwissenschaft. *Eine interdisziplinäre Einführung* [M]. Tübingen, 1980.

van Dijk, T. Discourse Semantics and Ideology [J]. *Discourse & Society*, 1995 (4): 243 -289.

Duden. *Deutsches Universalwörterbuch* [M]. Mannheim/Wien/Zürich: Dudenverlag, 2000.

Duwendag, D. *Golbalisierung im Kreuzfeuer der Kritik* [M]. Baden-Baden:

Nomos, 2006.

Eggins, S. *An Introduction to Systemic-Functional Linguistic* [M]. London: Pinter, 1994.

Eggins, S. & Martin, J. R. *Genres and Registers of Discourse* [C]. In van Dijk (ed.): *Discourse as Social Interaction.* London: Sage, 1997.

Ehlich, K. *Interkulturelle Kommunikation* [C]. In Goebl, H., Nelde, P., Starý, Z., Wölck, W. (Hgg.): *Kontaktlinguistik. Ein internationales Handbuch zeitgenössischer Forschung. 1. Halbband (= HSK; 12. 1).* Berlin & New York: de Gruyter, 1996: 920 – 931.

Fairclough, N. *Language and Power* [M]. London: Longman, 1989, 2001.

Fairclough, N. *Discourse and Social Change* [M]. Cambridge: Polity Press, 1992.

Fairclough, N. Critical Discourse Analysis and the Marketisation of Public Discourse: the Universities [J]. *Discourse and Society 4*, 1993: 133 – 168.

Fairclough, N. Analysing Discourse. *Textual Analysis for Social Research* [M]. London and New Jork: Routledge, 2003.

Fix, Ulla (Hrsg.). Ritualität in der Kommunikation der DDR. Frankfurt a. M.: Lang, 1998.

Folman & Conor. Intercultural Rhetorical Differences in Composing a Research Paper. International Teachers of English to Speakers of Other Languages Conference [J]. Vancouver, British Columbia, 1992.

Foucault, M. *Discipline and Punish* [M]. London: Tavistock, 1977.

Fowler, R. Critical Linguistics [C]. In Malmkjär, K. (ed.): *The Linguistics Encycolopedia.* London: Routledge, 1991.

Freedman, A. Beyond the Text: Towards Understanding the Teaching and Learning of Genres [J]. *TESOL Quarterly*, 1999, 33, 4: 764 – 767.

Fromm, E. Haben oder Sein. Die seelischen Grundlagen einer neuen Gesellschaft [J]. GA-Gesamtausgabe,Bd. 2. Deutsche Verlags-Anstadt, 1999.

Gärtner, D. Vom Sekretärdeutsch zur Kommerzsprache-Sprachmanipulation gestern und heute [C]. In Fix, U. Ritualität in der Kommunikation der DDR. Frankfurt, 1998.

Gipper, H. *Sprachliches Realitätsprinzip* [M]. Fischer Verlag, 1972.

Glinz, H. *Deutsche Syntax* [M]. Dritte, durch einen Nachtrag erweiterte Auflage. Stuttgart: Metzler, 1970.

Gnutzmann, C. Abstracs und Zusammenfassungen im deutsch-englischen Vergleich: Das Passiv als interkulturelles und teiltextdifferenzierendes Signal [M]. In Müller, Bernd-Dietrich (Hg): *Interkulturelle Wirtschaftskommunikation.* München: Iudicium, 1991: 363 – 378.

Goffman, E. *Wir alle spielen Theater* [M]. München: Piper, 1973.

Gorman, T. P., Purves, A. C. & Degenhart. R. E. *The IEA Study of Written Composition 1: The International Writing Tasks and Scoring Scales* [M]. New York: Pergamon Press, 1988.

Granet, M. *Das chinesische Denken* [M]. Frankfurt, 1985.

Grice, H. P. *Studies in the Way of Words* [M]. Cambridge, Mass.: Harvard University Press, 1989.

Gülich, E. Konventionelle Muster und kommunikative Funktionen von Alltagserzählungen [C]. In Ehlich, K. (Hg.): *Erzählen im Alltag*. Frankfurt, 1980.

Gülich, E. & Raible, W. *Linguistische Textmodelle* [M]. München, 1977.

Gumperz, J. J. Communicative Competence Revisisted [C]. In D. Schiffrin (ed.): *Meaning, Form and Use in Context: Linguistic Applications*. Cambridge, 1984: 278 – 289.

Gumperz, J. J., Jupp, T. C. & Roberts, C. Grosstalk: A Study of Cross-Cultural Communication [M]. Southall, 1979.

Günthner, S. Interkulturelle Aspekte von Schreibstilen: Zur Verwendung von Sprichwörtern und Routineformeln in Deutschaufsätzen chinesischer Dertschlerner/innen [C]. In: M. Lieber, J, Posser (Hg.): *Texte Schreiben im Germanistik- Studium*. München: Iudicium, 1988: 145 – 159.

Günthner, S. Diskursstrategien in der interkulturellen Kommunikation. *Analyse deutsch-chinesischer Gespräche* [M]. Tübingen, 1993.

Günthner, S. & Rothenhäusler, R. Interethnische Kommunikation zwischen Deutschen und Chinesen [J]. In Info DaF. 1986: 304 – 309.

Hall, E. T. *Beyond Culture* [M]. Garden City. New York: Anchor, 1976.

Halliday, M. A. K. *An Introduction to Functional Grammar. 2nd ed* [M]. London: Edward Arnold/Beijing: Foreign Language Teaching and Research Press, 1994/2000.

Halliday, M. A. K. Language and the Reshaping of Human Experience [C]. In Bessie Dendrinos (ed.): *Proceedings of the Fourth International Symposium on Historical Discourse Analysis*. Athens: University of Athens Press, 1995.

Halliday, M. A. K. & Hasan, R. *Cohesion in English* [M]. London: Longman & Beijing: Foreign Language Teaching and Research Press, 1976/2001.

Halliday, M. A. K. & Hasan, R. *Language, Context, and Text: Aspects of Language in a Social-semiotic Perspective* [M]. Oxford University Press, 1989.

Halliday, M. A. K. & Martin, J. R. *Writing Science: Literacy and Discursive Power* [M]. London: Falmer, 1993.

Halliday, M. A. K. & Matthiessen, C. M. I. M. *Construing Experience Through Meaning: A Language-based Approach to Cognition* [M]. London: Cassell, 1999.

Harweg, R. *Pronomina und Textkonstitution* [M]. München: Wilhelm Fink, 1979.

Hatim, B. *Communication across Cultures: Translation Theory and Contrastive Text Linguistics* [M]. Exeter: University of Exeter Press, 1997.

Heinemann, W. & Viehweger, D. Textlinguistik. *Eine Einführung* [M]. Tubingen, 1991.

Heißenbüttel, H. Das Textbuch [J]. Neuwied, Berlin, 1970.

Hinds, J. Reader versus writer responsibility: A new typology [C]. In U. Connor & R. B. Kaplan (eds.): *Writing across Languages: Analysis of L2 Text.* Reading, MA: Addison-Wesley, 1987.

Hofstede, G. and Bond, M. H. The Confucius Connection: From Cultural Roots to Economic Growth [J]. *Organisational Dynamics*, 16(4), 1988: 4 –21.

Holz, H. H. Chinas Problem der Kultur-Komparatistik [J]. LiLi 61, 1986: 65 –84.

House, J. *Translation Quality Assessment. A Model Revisited* [M]. Tübingen: Gunter Narr, 1997.

House, J. & Kasper, G. Politeness Markers in English and German [C]. In Coulmas, F. (Hrsg.): Conversational Routine: Explorations in Standardized Communication Situations and Prepatterned Speech. The Hague, Paris, New York, 1981: 157 –186.

Humboldt, W. v. *Über die Verschiedenheit des menschlichen Sprachbaues und ihren Einfluß auf die geistige Entwicklung des Menschengeschlechts* [M]. Posthum, 1836. 中文版:姚小平译,《论人类语言结构的差异及其对人类精神发展的影响》.北京:商务印书馆, 2002.

Hupfer, J. *Diskurs und Politik.* Frankfurt [M]. Opladen, 1991.

Jäger, S. *Einführung in die kritische Diskursanalyse* [M]. Duisburg: Diss, 1993.

Janich, N. Werbesprache. *Ein Arbeitsbuch* [M]. 3. Auflage, Tübingen: Gunter Narr, 2003.

Kaplan, R. B. Culture Thought Patterns in Intercultural Education [C]. In *Language Learning*, 16, 1966: 1 –20.

Kaplan, R. B. Contrastive Rhetoric and the Teaching of Composition [J]. *TESOL Quarterly*, 1 (4), 1967: 10 –16.

Kaplan, R. B. Contrastive Rhetoric: Some Implications for the Writing Process [C]. In A. Freedman u. a. (Hg.): *Learning to Write: First Language & Second Language.* London, 1983: 136 –161.

Kaplan, R. B. Culture Thought Patterns Revisited [C]. In U. Connor und R. B. Kaplan (Hg.): *Writing Across Languages: Analysis of 12 Texts.* Reading, Mass, 1987: 9 –21.

Kaplan, R. B. Contrastive Rhetoric and Discourse Analysis: Who Writes What to Whom? When? In What Circumstances? [C] In Sarangi, S., & Coulthard, M. (eds.): *Discourse and Social Life.* New York: Longman, 2000: 82 –101.

Kirkpatrick, A. Information Sequencing in Mandarin in Letters of Request [J]. *Anthropological Linguistics*, 33(2), 1991: 183 – 203.

Kirkpatrick, A. Information Sequencing in Mandarin in Modern Standard Chinese [D]. Dissertation, Australian National University, 1993.

Klemperer, V. *LTI* [M]. Leipzig: Reclame, 10. Auflage, 1947/1990.

Kopf, D. W. *Intercultural Encounters* [M]. Colorado: Morton Publishing Company, 1991.

Korn, K. Sprache in der verwalteten Welt [M]. München: dtv 79, 1962.

Kramsch, C. *Context and Culture in Language Teaching* [M]. Oxford: Oxford University Press/Shanghai: Shanghai Foreign Language Education Press, 1993/1999.

Krause, J. *Selbstdarstellung der Unternehmen im Internet* [M]. Düsseldorf: Schmidtlein, 2003.

Kress, G. & Hodge, R. *Language as Ideology* [M]. London: Routledge & Kegan Paul, 1979.

Kress, G., Leite-Garcia, R. & van Leeuwen, T. Discourse Semiotics [C]. In v. Dijk (ed.): *Handbook of Discourse Analysis*. Condon: Academic Press, 1985.

Leech, G. *A Linguistic Guide to English Poetry* [M]. London: Longman, 1969.

Leech, G. *Principles of Pragmatics* [M]. New York: Longman, 1983.

Leech, G. & Short, M. *Style in Fiction* [M]. London: Longman, 1981.

Li, C. & Thompson, S. The Semantic-Function of Word Order; a Case Study in Mandarin [C]. In C. Li (ed.): Word Order and Word Order Changes. Austin: University of Texas Press, 1975: 163 – 195.

Li, C. & Thompson, S. Subject and Topic: A New Typology of Language [C]. In C. Li (ed.): *Subject and Topic*. Berkeley: University of California Press, 1976: 457 – 489.

Li, C. & Thompson, S. *An Exploration of Mandarin Chinese* [M]. Berkeley: University of California Press, 1981.

Link, J. & Link-Heer, U. Diskurs/Interdiskurs und Literaturanalyse [J], LiLi 77, 1990: 88 – 99.

Linke, A., Nussbaumer, M. & Portmann, P. R. *Studienbuch Linguistik* [M]. Tübingen: Niemeyer, 1991.

Martin, J. R. *English Text — System and Structure* [M]. Philadelphia/Amsterdam: John Benjamins Publishing Company, 1992.

Martin, J. R., Matthiessen, C. M. I. M. & Painter, C. *Working with Functional Grammar* [M]. London: Arnold, 1997.

Martin. J. R. & Rose, D. *Working with Discourse: Meaning beyond the Clause* [M]. London: Continuum, 2003.

Matalene, C. Contrastive Rhetoric: An American Writing Teacher in China [J]. *College English*, 47(8), 1985: 789 –808.

Mihm, A. Erzählen in Japan und Deutschland. Aspekte einer interkulturellen Narrativik [J]. In IVG. Band 5, 1990:303 –311.

Mihm, A. Zur Exposition deutscher und japanischer Alltagserzählungen. Vortrag auf der Tagung der Gesellschaft für deutsche Sprache [R]. Bremen, 1992.

Minsky, M. A Framework for Representing Knowledge [C]. In D. Metzing (Hg.): *Frame Conceptions and Text Understanding*. Berlin, 1980: 1 –25.

Mohan, B. A. & Lo, W. A-Y. Academic Writing and Chinese Students: Transfer and Developmental Factors [J]. *TESOL Quarterly*, 19(3), 1985: 515 –534.

Oksaar, E. Problematik im interkulturellen Verstehen [C]. In Müller, B. D. (Hg.): *Interkulturelle Wirtschaftskommunikation*. München, 1991: 13 –27.

Oomen, U. *Linguistische Grundlagen poetischer Texte* [M]. Tübingen: Niemeyer, 1973.

Pasierbsky, F. & Rezat, S. *Überreden oder Überzeugen? Sprachlichen Strategien auf die Schliche kommen* [M]. Stauffenburg, 2006.

Pörksen, U. *Plastikwörter. Die Sprache einer internationalen Diktatur* [M]. Stuttgart, 1988.

Purves, A. C. *Writing Across Languages and Cultures: Issues in Contrastive Rhetoric* [M]. Newbury Park, CA: Sage, 1988.

Purves, A. C. & Hawisher, G. Writers, Judges and Text Models [C]. In Beach, R. & Hynds, S. *Developing Discourse Practices in Adolescence and Adulthood*. Norwood, NJ: Ablex, 1990: 183 –199.

Pusch, L. F. *Alle Menschen werden Schwestern-Feministische Sprachkritik* [M]. Frankfurt a. M.: Suhrkamp, 1990.

Römer, R. *Die Sprache der Anzeigenwerbung* [M]. Auflage. Düsseldorf: Schwann, 1980.

Rumelhart, D. Notes on a Schema for Stories [C]. In Bobrow, D. & Collins, A. (Hg.): *Representation and Understanding: Studies in Cognitive Science*. New York, 1975: 211 –236.

Rumelhart, D. & Ortony, A. The Presentation of Knowledge in Memory [C]. In Anderson, S. & Montague (Hg.): *Schooling and the Acquistition of Knowledge*. Hillsdale, 1977: 99 –135.

Schank, R. The Structure of Episodes in Memory [C]. In Bobrow, D. & Collins, A. (Hg.): *Representation and Understanding*. New York, 1975: 211 –236.

Schiewe, J. Die Macht der Sprache. *Eine Geschichte der Sprachkritik von der Antike bis zur Gegenwart* [M]. München: Beck, 1998.

Schoenthal, G. Sprache, Geschlecht und Macht. Zum Diskussionsstand feministischer Thesen in der Linguistik [J]. In *Mitteilungen des Deutschen Germanistenverbandes* 39, Heft 3, 1992:5 - 12.

Scollon, R. & Scollon, S. W. *Intercultural Communication: A Discourse Approach* [M]. Oxford: Blackwell, 1995.

Scollon, R., Scollon, S, W. & Kirkpatrick, A.《汉英篇章对比研究》[M]. Beijing: Foreign Language Teaching and Research Press, 2000.

Searle, J. R. *Speech Acts: An Essay in the Philosophy of Language* [M]. Cambridge: Cambridge UP, 1969.

Seidel, H. & Temmen, R. *Grundlagen der Betriebswirtschaftslehre* [M]. Bad Homburg vor der Höhe. Max Gehlen, 1998.

Sommerfeldt, K. -E. & Starke, G. *Einführung in die Grammatik der deutschen Gegenwartssprache* [M]. Tübingen: Niemeyer, 1998.

Sowinski, B. *Stilistik — Stiltheorien und Stilanalysen* [M]. Metzler, 1999.

Sternberger, D., Storz, G. & Süskind, W. E. Aus dem Wörterbuch des Unmenschen. *Neue erweiterte Ausgabe mit Zeugnissen des Streites über die Sprachkritik* [M]. Frankfurt a. M., 1986.

Stubbs, M. W. Whorf's Children: Critical Comments on Critical Discourse Analysis [C]. In A. Ryan & A. Wray. *Evolving Models of Language. British Studies in Applied Linguistics* 12. Clevedon: BAAL/Multilingual Matters, 1998.

Swales, J. M. *Genre Analysis: English in Academic and Research Settings* [M]. Cambridge: Cambridge UP, 1990.

Swales, J. M. & Rogers, P. S. Discourse and the Projection of Corporate Culture: the Mission Statement [J]. In: *Discourse & Society*, 1995(6): 223 - 242.

Tannen, D. What's in a Frame? Surface Evidence for Underlying Expectations [C]. In R. Freedle: *New Directions in Discourse Processing*. Norwood, 1979: 137 - 181.

Tannen, D. *A Comperative Analysis of Oral Narrative Strategies: Athenian Greek and American English* [M]. In Chafe, W. (Hg.): *The Pear Stories: Cognitive, Cultural, and Linguistic Aspects of Narrative Production*. New Jersey, 1980.

Tannen, D. Repetition in Conversation: Toward a Poetics of Talk [J]. In: *Language*, 63 (3), 1987: 574 - 605.

Taylor, G., T. Chen. Linguistic, Cultural and Subcultural Issues in Contrastive Discourse Analysis [J]. *Applied Linguistics*, 12(3), 1991: 319 - 336.

Thierse, W. Sprich, damit ich dich sehe. Beobachtungen zum Verhältnis von Sprache und Politik in der DDR-Vergangenheit [C]. In Born, J. & Stickel, G. (Hg.): *Deutsch als Verkehrssprache in Europa*. Berlin, New York, 1993: 144 - 126.

Thompson, G. *Introducing Functional Grammar* [M]. London: Edward Arnold. /Beijing: Foreign Language Teaching and Research Press, 1996/2000.

Ting-Toomey, S. & Korzenny, F. *Cross-cultural Interpersonal Communication* [M]. Newbury Park, London, New Delhi, 1991.

Todorov, T. Die strukturelle Analyse der Erzählung [C]. In Ihwe (Hg.): *Linguistik und Literatur, Band III*, 1971/72:265–275.

Todorov, T. *Die Eroberung Amerikas. Das Problem des Anderen* [M]. Frankfurt, 1985.

Weisgerber, L. *Von den Kräften der deutschen Sprache* [M]. Düsseldorf: Schwann, 1949/1950.

Weisgerber, L. Der Mensch im Akkusativ [J]. In: *Wirkendes Wort*, 1957/1958.

Werlen, I. *Sprachliche Relativität: Eine problemorientierte Einführung* [M]. Tübingen: UTB, 2002.

Whorf, B. L. *Language, Thought, and Reality. Selected Writings of B. L. Whorf* [M]. Ed. By J. B. Carroll. Cambridge (Mass.), 1956.

德语版: *Sprache, Denken und Wirklichkeit. Beiträge zur Metalinguistik und Sprachphilosophie* [M]. Hg. P. Krausser. Rowohlt, 1963.

Widdowson, H. G. Discourse Analysis: A Critical View [J]. *Language and Literature*, 1995, 4(3):157–172.

Widdowson, H. G. Reply to Fairclaugh: Discourse and Interpretation: Conjectures and Refutations [J]. *Language and Literature*, 1996, 5(1).

Widdowson, H. G. The Theory and Practice of Critical Discourse Analysis [J]. *Applied Linguistics*, 1998, 19(1).

Wierzbicka, A. *Lexicography and Conceptual Analysis* [M]. Ann Arbor: Karoma, 1985.

Wierzbicka, A. *Cross-cultural Pragmatics* [M]. Berlin: Mouton De Gruyter, 1991.

Wodak, R., Cillia, R., Reisigl, M., Liebhart, K., Hofstaetter, K., Kargl, M. Zur diskursiven Konstruktion nationaler Identität. Frankfurt: Suhrkamp, 1997.

Young, L. W. L. Unravelling Chinese Inscrutability [D]. University of California, Berkeley, 1986.

Young, L. W. L. *Crosstalk and Culture in Sino-American Communication* [M]. CUP, 1994.

Zhu, Yunxia. A Rhetorical Analysis of Chinese Sales Letters [J]. *Text*, 1997, 17(4): 543–566.

Zhu, Yunxia. Genre Dynamics Exhibited in the Development of Sales "Tongzhi" (Circulars) [J]. *Text*, 19(2). Mouton de Gruyter, 1999:281–306.

Zhu, Yunxia. Revisiting Relevant Approaches for the Study of Language and Intercultural Communication [J]. *Intercultural Communication*, issue 6, 2004. http://www.immi.

se/intercultural.

Zhu，Yunxia. Written Communication across Cultures：A Sociocognitive Perspective on Business Genres. Philadelphia，PA，USA：John Benjamins Publishing Company，2005.

辞海编辑委员会：《辞海》[K]。上海：上海辞书出版社，2009。

陈建平：中国英语学习研究[M]。北京：高等教育出版社，2005。

陈　静、高　远：汉语是主题突出的语言吗？[J]。《外语与外语教学》，2000（5）：11—14。

陈望道：修辞学发凡[M]。上海：上海教育出版社，1959。

丁树声等：现代汉语讲话[M]。北京：商务印书馆，1961/2004。

高名凯：汉语语法论[M]。北京：商务印书馆，1986。

高　远、王　庸：英汉语篇宏观结构与思维方式[M]。高远、李宝琨、王振亚（主编），《外语教学：观点与方法》。北京：《大学外语》编辑部，1996。

高一虹：语言文化差异的认识与超越[M]。北京：外语教学与研究出版社，2000。

顾嘉祖：跨文化交际：外国语言文学中的隐蔽文化[C]。顾嘉祖主编，南京：南京师范大学出版社，2000。

何　方：关于经济全球化的几个问题[J]。《世界经济》，1998（08）：10—14。

何自然：语用学概论[M]。长沙：湖南教育出版社，1988。

胡曙中：英汉修辞比较研究[M]。上海：上海外语教育出版社，1993。

胡壮麟、朱永生、张德禄：系统功能语法概论[M]。长沙：湖南教育出版社，1989。

黄国文：形式是意义的体现——功能句法的特点之一[J]。《外语与外语教学》，1998（9）：4—7。

黄国文（a）：语篇分析的理论与实践——广告语篇研究[M]。上海：上海外语教育出版社，2001。

黄国文（b）：功能语篇分析纵横谈[J]。《外语与外语教学》，2001（12）：1—4（19）。

黄国文：作为普通语言学的系统功能语言学[J]。《中国外语》，2007（5）：14—19。

贾玉新：跨文化交际学[M]。上海：上海外语教育出版社，1997。

李战子：英汉语篇研究中对比话语的价值取向[J]。《外语与外语教学》，1998（1）：14—17。

李战子：话语的人际意义研究[M]。上海：上海外语教育出版社，2002。

刘丹青、徐烈炯：话题的结构与功能[M]。上海：上海外语教育出版社，1992。

刘齐生：文化对语篇结构的影响——中德日常叙述比较研究[J]。《现代外语》，1999（4）：349—361。

刘齐生：叙述中的紧张要素——中德语篇的跨文化比较分析[J]。《现代外语》，2000（4）：424—430。

刘世生、朱瑞清：文体学概论[M]。北京：北京大学出版社，2006。

马秉义：英汉篇章修辞比较。英汉语言文化对比研究[M]，李瑞华主编。上海：上海外语教育出版社，1996:452—463。

钱文彩：汉德语言实用对比研究[M]。北京:外语教学与研究出版社,2001。

屈承熹：汉语篇章语法[M]。北京:北京大学出版社,2006。

王　力：汉语讲话[M]。北京:文化教育出版社,1955。

王墨希、李　津：中国学生英语语篇思维模式调查[J]。《外语教学与研究》,1993(4):
　　59—65。

王文创、张金城：德国国有企业的管理及对我国的启示[J]。《理论学刊》,2006(5):
　　51—52。

辛　斌：批评性语篇分析方法论[J]。《外国语》,2002(6):34—41。

杨德峰：汉语与文化交际[M]。北京:北京大学出版社,1999。

杨永林、门顺德：语言相对论与外语教学的跨文化比较研究[J]。《现代外语》,2004
　　(3):294—301。

姚小平：洪堡特——人文研究和语言研究[M]。北京:外语教学与研究出版社,1998。

叶　江：论经济全球化与国家的关系[J]。《新华文摘》,2000(7):11—15。

邢福义：文化语言学[M]。武汉:湖北教育出版社,2000。

徐力生：语篇跨文化对比的问题分析[J]。《浙江大学学报》,2004(4):117—122。

徐力生、李广才：汉英论说文语篇的修辞模式对比[J]。《浙江大学学报》,2002(5):
　　56—64。

徐　明、丁素萍：语言形式选择的受制因素[J]。《西安外国语学院学报》,2005(6):
　　5—8。

张　斌：现代汉语语法十讲[M]。上海:复旦大学出版社,2005。

张美芳：翻译研究的功能途径[M]。上海:上海外语教育出版社,2005。

附录

研究材料

汉语语篇

C1 凯普

公司秉承"质量是生存之本"的质量理念、"发展源于技术创新"的技改战略和"顾客至上"的服务宗旨,发扬"开拓进取,自强不息"的企业精神,不断追踪和汲取国内国际领先技术信息和优秀的管理模式,实施公司发展战略。"凯普"、"双狮"、"双狮王"电池名牌产品在经历反腐败风雨的洗礼后,更加成熟,正以其崭新的面貌向各界朋友致意。让我们携起手来,在优势互补、互惠互利的基础上真诚合作,共谋大业。

C2 山西骏博环保

山西骏博环保科技有限公司成立于 2006 年,坐落于山西省忻州市。占地 100 余亩,紧靠 108 国道、大运高速公路,交通便利。是以国家"十一五"提出的节能、降耗、减排的发展规划为指导,以环境保护为己任,当地政府大力支持下,建设的一家高新技术企业。本公司与关联企业——山西元宏淀粉有限公司,形成了"农业产业化"链条式高科技地方产业,不仅在为环保事业做出贡献,更以公司加农户的形式为当地农民谋福利。公司主要从事"可完全降解树脂材料"(Biodegradable Starch Resin)简称 BSR 的研发、生产及其应用,目标市场定位于国际、国内高端市场。公司产品主要应用于替代一次性使用并废弃后给生态环境造成严重白色污染的普通塑料制品,大量使用当年可再生农作物资源特别是转化库存成化粮为制造原料,节约不可再生、日益枯竭的石油资源,为环保事业、新材料和绿色能源的发展进一份力。公司生产的 BSR 产品,具有优良的物理、化学性能和极高的生物降解性能(可按不同生产、生活需要设计生产降解产品),最终分解成为 CO_2、H_2O;产品已经通过 ISO、JISK 等国际标准的检测,取得国际环保产品认证(EMARK)。BSR 产品与国外大型化学公司的同类产品相比,具有更高的性价比和更明显的无污染、低能耗优势。公司作为环保材料高新技术企业,始终得到化工研究院的大力支持,并与清华大学、北京化工大学等高校建立战略合作关系,以及北京华博公司的支持,在技术、研发、检测等方面形成密切合作。公司将通过不懈努力,将在新材料领域进一步推动绿色环保产业,并以高科技产品去缓解日益危机的环境污染,回报社会。

C3 利生

利生公司历经市场竞争锤炼,始终秉承"质量至上,信誉第一"的企业理念,团结拼搏,求真务实,铸就"晶光"品牌,构建市场平台,形成了以磷酸盐为主业,高级电子清洗剂、塑料、园艺等多元发展的规模化、现代化企业。只有发展,才能生存,只有创新,才能壮大。利生化工将融科技、资源与人力资本,以精进创新之精神,科学管理之导向,凝聚员工、客商之合力,同舟共济,坚持以市场营销为龙头,技术创新和资本经营为双翼,多元发展的思路,继续做大做强磷酸盐产品,开发精细化工产品,实现企业快速跨越式发展,开创利生化工新天地。公司将一如既往地为国家的发展努力工作!

C4 南瑞继保

二十一世纪的中国,高举科学发展的旗帜,坚持可持续的经济发展战略,实施创新型国家建设,为科技创新型企业发展带来前所未有的机遇。多年来,南瑞继保始终致力于满足电力系统安全、高效运行要求为宗旨,提供电力系统控制和保护的完整解决方案。在引领国内技术与市场的同时,全面拓展海外市场,实现南瑞继保"做精主业、外延发展"的战略目标。南瑞继保坚持以"务实求精,协作创新"为企业的核心理念,立足自主创新,通过科研开发、技术创新和产业化发展,在交直流输变电网的控制和保护、发电厂控制和保护领域取得了一系列国际领先的技术成果,形成了具有国际竞争力的核心技术和具有竞争优势的优质产品,并在电力系统得到了广泛应用,为提高我国电力系统安全稳定、高效经济运行水平作出了贡献。近年来,南瑞继保在原始创新的基础上,通过集成创新、引进消化吸收再创新等方式,将技术和产业领域扩展到超高压直流输电控制和保护、750kV 电网保护、特高压直流 800kV 和交流 1000kV 电网控制保护,以及智能化一次设备、高压电力电子应用等新兴领域。南瑞继保在企业取得长足发展的同时,积极承担社会责任。今后南瑞继保将一如既往地参与公益事业,扶贫济困、关心教育,关注社会的和谐。展望未来,为满足国民经济飞速发展的需要,中国正在建设世界上最大规模和最高电压等级的百万级交流和 ±800KV 直流系统组成的国家特高压输变电网。目前南瑞继保已参与这一伟大的世纪工程,并且成为保护控制设备的主要供应商。中国电力将以安全、高效、环保为目标,满足国民经济对电力的增长和需要。南瑞继保责无旁贷,坚持自主创新,团结和谐、务实奋进,依靠先进的技术、优质的产品、完善的服务,通过产业深化和拓展,为中国乃至全球电力事业的发展贡献力量!

C5 京煤

北京京煤集团有限责任公司(以下简称"京煤集团")是按现代企业制度组建、集生产经营与资本运营为一体的国有独资大型煤炭企业集团。拥有资产总额 88 亿元,2006 年实现经营总收入 57.4 亿元。京煤集团先后位列中国最大企业集团 500 强和中国企业 500 强,评为中国煤炭工业优秀企业、中国煤炭工业百强企业、北京市百强企业、北京市先进管理企业和北京市守信企业,被授予北京市完成国有企业改革与脱困目标先进单位,先后通过了 ISO9001 国际质量体系、GBT28001 职业健康安全管理体系和 ISO14001 国际环境管理体系认证。2005 年位列中国大型工业企业 500 强,2004—2005 年连续获得"中国企业文化建设先进单位"荣誉称号,并被北京市委、市政府评为"北京市信访排查调处工作先进集体(2001 年—2005 年)"。京煤集团以煤炭和新型能源为主业,以房地产和城市服务业为支撑,以其他多种经营为基础,坚持全面、协调、可持续发展的科学发展观。所产优质无烟煤畅销京津、华北、东北、华南及亚、欧、北美、南美四大洲,是中国最大的优质无烟煤生产和出口基地之一。京煤集团发挥规模优势和地处首都的区位优势,利用权属单位分布在北京市 18 个区县、拥有丰富土地资源的优势条件,大力发展房地产业和城市服务业。同时,依托行业、技术、资源和人才优势,在水煤浆生产、煤矸石发电、燃料油供应、机械加工制造、民爆器材、建筑建材、食品饮料、旅游服务等多个领域全面发展,拥有几十家工厂、饭店、宾馆和不同种类、规格的产品上百个。京煤集团以"实践'三个代表',走跨越式发展之路"为主题,以科学发展观为统领,以经济工作为中心,以深化改革创新为动力,以资本运作、结构调整为重点,实施主业外延扩张式战略转移。目前在内蒙古建设 2X30 万千瓦循环硫化床煤矸石电厂项目和大型现代化煤矿项目的前期工作已基本就绪,待国家发改委核准后即可开工建设,使企业进入了"科学提升、理性扩张、加速发展"的新时段。通过深化改革创新,以法人治理结构为核心的现代企业制度建设稳步推进,形成了产权多元化、资本扩张化和以优势企业为主导的母子公司新体制和营运体系。为提高企业核心竞争力,构建和谐企业,积极推进企业文化、创建学习型组织和"党管人才"三项工程建设,大力实施"民心工程",确立了以"人本人和、创新超越"为主导价值观,以管理文化为核心的企业文化体系和"创造财富、服务社会、惠泽员工"的企业使命;确立了以"打造卓越企业,实现员工价值"的共同愿景为主导,系统学习、终身学习、团队学习和"学以立德、学以培智、学以陶情、学以修身"的创建学习型组织新理念;确立了"以人为本、人才兴企"和遵循人才成长规律、尊重人才价值实现、广纳群贤、人尽其才的人才工作理念。为把京煤集团构建成为协调健康可持续发展的和谐企业和特大型、多功能、综合性的现代中国强势企业集团而努力奋斗。

C6 沪龙公司

沪龙公司是集各类中小型水泵电机研制开发、专业制造、销售服务为一体的科技型企业;公司坐落于"中国泵阀之乡"——永嘉县瓯北镇三桥工业区,紧邻 104 国道。公司在"稳步拓展、逐步扩张、规模经营"发展战略指导下分别于 2004 年在上海松江区投资兴建了具有较强实力的分公司,为企业集团化规模经营奠定了坚实的基础。公司主要生产的各类中小型三相异步电动机、各类离心泵、化工泵、消防泵、多级泵、排污泵等,系列产品实现流水线作业,从而有效地提高了产品质量和交货期,得到了广大客户的好评。公司坚持"在持续的质量体系中,我们始终提供顾客满意的产品和服务"的质量方针。公司先后通过了 ISO9001 国际质量管理体系认证和"CCC"认证,产品遍及全国各地。"沪龙"牌电机连年被浙江省技术监督局抽检为合格产品,"沪龙"商标被评为"中国质量过硬放心品牌"。展望未来充满光明,"培训优秀人才,创造一流产品"是沪龙公司始终不渝的追求目标。我们将以开拓进取的精神为祖国的民族工业走向世界贡献自己的力量。我们愿热忱与各地客商联手协作,为祖国建设效力,共创辉煌。

C7 铁通

中国铁通成立 6 年来,始终坚持"以服务赢得市场,以质量塑造品牌,以差异化增强竞争力",在确保铁路通信畅通的基础上,大力开拓公众电信市场,取得了较好的经济效益和社会效益。公司的主营收入由 2001 年的 37.4 亿元增长到 2006 年的 155 亿元,年均递增 30% 以上。截至 2006 年底,公司资产总额达到 553 亿元,比成立之初增长了近 3 倍。固定电话用户达 1820 万户,互联网宽带用户从无到有,2006 年底达到 314 万户,全员劳动生产率年均增长 33%。面向未来,中国铁通将以"三个代表"重要思想为指导,以国有独资企业董事会试点为契机,以建立现代企业制度为手段,秉承"奉献创业、学习创新、竞合创效、诚信创牌"的理念,坚持"重在特色,重点发展,加快改革,加强合作"的原则,努力将自己打造成一个效益高、队伍强、形象好、业务全,具有较强竞争实力的现代中国电信运营企业。

C8 卫通

我国致力于提高自主创新能力,建设创新型国家,不仅向信息通信业提出了更高的要求,也给它的跨越式发展带来了机遇。中国卫星通信集团公司(简称中国卫通)是根据国务院电信体制改革的总体部署,于 2001 年 12 月 19 日正式挂牌成立的国有大型骨干企业,是我国六大基础电信运营企业之一。中国卫通在国内 31 个省(自治区、直辖市)设立了分公司(办事处),拥有 17 个全资、控股、参股企业。中国卫通作为我国卫星通信广播和数字集群通信的主导运营企业,以服务国家经济社会发展、保障信息通信安全、推进电信普遍服务、构建和谐社会为己任,全力实施归核化发展战略,重点发展卫星通信广播电视和数字集群应急指挥调度通信两大主营业务,发展与主营业务既紧密关联、又相互促进的卫星导航和基于下一代网络的信息通信,为社会各界客户提供集通信广播、指挥调度、应急保障、导航定位等于一体的专业化、高品质的信息通信广播服务。面对未来,中国卫通将紧紧把握国家信息化建设、卫星通信广播业的快速发展、国家加强应急体系建设的发展机遇,树立和落实科学发展观,加快企业改革步伐,加大资源重组力度,把中国卫通建设成为"具有国际竞争力、天地一体的通信广播和指挥调度通信服务企业",为构建和谐社会做出新的更大的贡献。

C9 北京金泰恒业

北京金泰恒业有限责任公司(原北京市煤炭总公司)是一家国有控股的以房地产业

为主导，以燃料经营和旅游饭店为支撑，以现代城市服务业和关联产业为基础的多元化经营企业，自2001年改制以来，按照"高起点、新跨越、大发展"的整体构想和"大而强、小而优、难而进、劣而退"的调整原则，认真谋划，分步实施，顺利完成了发展战略定位，产业结构调整，存量资产盘活，资源、资金、资产整合，内部改革改制，治理结构完善，企业文化培育等项任务，成功实现了由生存适应型调整向战略发展型调整的转变，企业经营管理水平大幅度提高。资产总额从2001年底的22.79亿元增加到2007年底的42亿元，收入总额从2001年的9.9亿元增加到2007年的29.93亿元，利润总额从2001年的600万元增加到2007年的1.2亿元。在2007年公司第二次党代会上，确定了"一个企业品牌，三种经营模式，五个经济板块"的战略调整方向，明确提出了要用五至十年的时间将金泰恒业公司建设成为主业精、辅业兴、核心强的现代强势和谐企业。一个企业品牌即是要全力打造金泰品牌，实施品牌战略，扩大品牌影响力，提高品牌效益。三种经营模式即是要实现总部经营、专业经营、区域经营的有机结合，提升经营水平，推动企业实现跨越式发展。五个经济板块即是要组建好燃料经营、房地产开发、物业租赁、旅游饭店、城市服务五个经济板块，促进传统产业、主导产业、基础产业、支撑产业和综合产业的全面协调发展，形成专业化规模，增强核心竞争力，促进公司又好又快的发展。公司认真学习和贯彻党的十七大精神，全面贯彻落实科学发展观，推进企业实现跨越式发展，为实现公司发展战略而奋斗。

C10 硕博公司

硕博公司是专业从事教学设备生产经营的综合性企业。公司主要产品类型包括：理、化、生实验室成套设备、多媒体综合教学系统、多媒体语言教学系统、机电实验室、电子实验室、制冷家电、财会模拟实验室、医学教学仪器、多媒体电脑辅助学习系统先进科学的教研设备系统。硕博公司具有雄厚的技术力量、先进的生产工艺、精湛的检测手段和完善的质保体系。产品具有操作简单、优质耐用、性能稳定、外观精美、价格合理等特点。以至被全国众多院校广泛采用，并获得一致好评。"功能新优，品质卓越"是本公司长期以来不懈追求的目标。硕博将秉持"追求技术进步、服务科教兴国、支持教育事业"的全新理念，继续奉行"诚实、守信、开拓、进取"的企业精神，百尺竿头，更进一步为二十一世纪教育事业的腾飞和民族经济的繁荣作出卓越的贡献。

C11 四川移动

1999年7月28日，按照国务院《中国电信重组方案》，中国移动通信集团四川有限公司正式组建，是中国移动通信集团公司的全资子公司之一。成立以来，四川移动一直按照"做世界一流通信企业"长远战略，实施"一步一个脚印，一步也不停留，一步一步向前走"的发展思路。到2005年底，四川移动客户数已经突破1300万户，网络覆盖了全省100%的乡镇和95%的行政村。以客户为中心，四川移动全面提供差异化服务，根据客户的细分需求适时推出各种新业务，针对全球通客户推出了"手机上网"，"随E行"，

"群英网"等服务,针对年轻客户推出"手机游戏","彩铃"等娱乐性很强的业务。近年来,四川移动的计费支撑系统、10086 服务热线、营业厅服务、集团信息化、网络质量位居全集团前列。在经济效益高速增长的同时,四川移动始终不忘自身承担的社会责任,诚心回报社会,已初步将公司打造为一个"有竞争力、有社会责任、有道德有文化"的企业。展望未来,在中国移动通信集团公司的领导下,在四川省委、省政府的关心、支持下,四川移动将继续把服务地方经济和推进社会信息化建设作为自己义不容辞的社会责任,积极支持社会公益活动和慈善事业,为建设和谐社会、实现地方经济的跨越式发展做出自己的贡献。

C12 大唐环境

电力是国民经济的基础,电力环保业是保障国家可持续发展的朝阳行业。基于庞大的潜在市场规模和强有力的政策扶持,由电力产业环保化趋势衍生出来的电力环保行业在国民经济发展中扮演着越来越重要的角色。大唐环境在这样一个宏伟的背景下应运而生。2005 年,大唐环境管理层及全体员工在董事会的正确领导下,团结共进,激情创业,在股东单位和社会各界的亲切关怀和大力支持下,从组建初期的起步阶段逐渐顺利过渡到快速发展阶段,竞争能力和盈利能力不断提升,良好的市场形象正在逐步树立。以一流的业绩为股东和社会创造长期、稳定的价值和回报,是大唐环境义不容辞的责任和使命。2006 年,大唐环境董事会将继续带领公司管理层与全体员工,以更加积极饱满的热情推进公司各项工作,把握机遇,应对挑战,科学管理,高效运营,服务于电力建设和环保事业,与社会各界一道不懈努力,为构建和谐社会、实现国家可持续发展做出新的、更大的贡献!

C13 特变电工

特变电工的发展得到了党和国家领导人的高度关注和亲切关怀,1996 年以来,胡锦涛、江泽民、吴邦国、温家宝、贾庆林等党和国家领导人先后莅临公司视察,并对公司的发展给予了高度评价和殷切期望。公司先后荣获"中国驰名商标"、"中国名牌产品"、"中国免检产品"、"全国质量效益型先进企业"、"全国首批专利试点示范企业"、"中国自主知识产权百强企业"、"全国重合同守信用单位"、"全国用户满意企业"、"中国机电企业十大品牌"和"全国先进基层党组织"、"全国文明单位"等诸多殊荣,拥有自主知识产权核心专利技术 400 余项。特变电工始终专注于"输变电、新能源、新材料"三大领域的开拓与协同发展,始终坚持科学发展观,以企业做强、做稳、做精为指导,以提高自主创新能力为先导,实施制度创新和技术创新相结合,不断优化产业结构、产品结构和市场结构,提升企业核心竞争能力,打造国际知名品牌。公司将始终遵循"让客户称心,让员工安心,让股东放心"的经营宗旨,在合作中实现共赢,服务中国和全球经济,推动人类进步,成为全球信赖的电气服务商。

C14 中国有色

中国有色矿业集团有限公司（简称"中国有色集团"）是中国大型国有骨干企业，长期致力于在全球范围开发中国紧缺有色金属资源，是中国海外有色金属资源开发的先行者，是一家业务涵盖有色金属项目咨询服务、施工、采矿、选矿、冶炼、人员培训、金属加工、贸易等有色金属工业的全过程的国际矿业公司。公司在全世界三十多个国家和地区设有办事处和经营机构，在金融、旅游、房地产、信息技术等领域也迈出了坚实的步伐。中国有色集团积极实施"走出去"战略，在探索和实践海外有色金属资源开发领域中开拓了新局面、取得了重大成果，同时积累了经验、锻炼了队伍，走出了一条"与时俱进"、跨国经营的成功发展之路。中国有色集团已形成了相当规模的海外有色金属资源开发布局，拥有了一批极具开发前景的跟踪项目。公司已拥有的资源量含铜500万吨，含钴15万吨，含锌103万吨；正在运作的项目资源量含铜3100万吨，含金580吨，铝土矿储量26.7亿吨。中国有色集团是我国开发海外有色金属资源最多的企业，对外投资近3亿美元，已成为国内有色金属行业"走出去"的排头兵和领军企业。随着中国经济的快速发展，中国有色集团海外有色金属资源开发规模将继续稳步扩大，具有良好的发展前景。中国有色集团将坚持国际矿业公司的发展方向，坚持以经济效益为中心，继续实践"走出去"战略，实现企业发展同企业经济效益的相互促进，企业与社会同步发展，开创迈向国际矿业公司的新局面。

C15 东风杭州

东风杭州汽车有限公司系东风汽车有限公司的控股子公司，是东风集团高中档客车和客车底盘主要生产基地之一，也是浙江省汽车工业的龙头企业，为浙江省和杭州市重点扶持培育企业之一。公司位于拥有秀丽西湖山水的杭城北端，目前占地面积32.56万平方米，建筑面积15.28万平方米，总资产逾8.8亿元。辖有七个专业生产厂一个技术中心，并拥有一个汽车研究所（东风汽车工程研究院杭州研究所），配备有整车与底盘检测线及4000平方米的试车场。公司现有在职员工2400多人，其中工程类技术人员200余位。东风杭汽以生产高中档客车和客车底盘为主，同时生产中、重型载货汽车和专用汽车系列。汽车年生产能力为3万辆。在东风与日产的战略合作中，东风杭汽加快高档客车的能力建设，到2004年底，已建成24000平方米的现代化厂房，通过引进日本富士重工的技术和设备，当年投产了东风—风圣系列高档客车，其中风圣牌DHZ6120RC城市客车获得2004年全国客车大赛金奖。东风杭汽是全国专用客车底盘开发最早、规模最大的专业生产厂。近年来利用东风集团先进总成和国内外先进技术，开发试制成功一大批国内技术领先、其前瞻性设计可与国际客车水平接轨的高档客车底盘，2004年有两个客车底盘荣获全国最高奖。公司各类底盘产品为全国近百家主要客车厂所采用配套，市场占有率名列前茅。产品还直接或通过全国主要客车厂出口到十多个国家与地区，出口贸易额近几年增长了30倍。东风杭汽公司也是国内首家平头柴油车生产厂家，通过引进日本日产柴技术和设备，生产出广受欢迎的新一代柴油车，产品连续多年被国家评为一等品,历次国检均名列前茅。公司生产的各类改装车,也具备较强的市场竞争力。东风杭汽具有先进的制造技术和生产工艺,主要生产设备有1794台,其中5000T压机为世界级的先进设备,并拥有多条从日本、美国和俄罗斯引进的拼装、焊装和冲压生产线。同时,公司在全国各地设有170多个技术服务站,9个办事处和2个备件中心,在借助东风集团强大的销售服务网络体系和探索与各大客车企业等用户服务网络并站的基础上,竭诚为广大用户提供更快速、更及时、更优质的服务。东风杭汽继续紧紧把握新的历史挑战与机遇,锐意改革,强势进取,外抓市场营销,内抓企业管理,遵循"携手发展,共创价值"的经营宗旨,培养新风气,树立新形象,在改革发展和建设祖国的大道上阔步迈进。

C16 重庆电力

重庆市电力公司于1997年6月6日随重庆市直辖而成立,经营区域覆盖全市40个区县、服务人口约3000万人。公司成立以来,牢牢把握西部大开发、重庆直辖和库区建设等历史机遇,围绕建设"一强三优"现代公司的战略目标,坚持"三抓一创"的工作思路,不断提高公司的综合实力,为重庆经济社会持续快速发展提供了可靠的能源保障。公司现有基层单位43个,其中供电局12个、供电公司(控股)24个,超高压局、施工企业、检修公司、设计院、试研所、学校、教培中心各1个。截止2008年底,公司资产总额337.54亿元,员工总数26494人,2008年公司系统实现售电量359.24亿千瓦时,同比增长9.25%,其中直供售电量339.08亿千瓦时。重庆电网是华中电网的重要组成部分,±800千伏特高压直流输电示范工程重庆段已开工建设,500千伏"日"字型网络构筑起"西电东送"与全国联网的中枢通道,220千伏形成双回环网,110千伏及以下输配电网络日臻完善,全市农网改造面达到90%,为直辖市的高速发展提供了有力的电力保证。近年来,公司坚持科学发展观,弘扬"努力超越、追求卓越"的企业精神,忠实履行社会责任,不断推进公司的创新发展。公司先后荣获"全国五一劳动奖状"、"全国职业道德建设十佳单位"、"全国文明单位"、"全国厂务公开先进单位"、"全国模范职工之家"、"全国和谐劳动关系企业"、"中央企业抗震救灾先进集体"、"重庆市先进企业党委"、"重庆市消费者满意企业"等光荣称号。公司正以党的十七大精神为指导,以"构建和谐渝电、服务重庆发展"为主题,坚持科学发展观,加快公司发展方式和电网方式转变,深化集团化运作、集约化发展、精益化管理、标准化建设工作,大力推进发展提速、管理升级、素质提升、争创一流、抗危机、上台阶,努力实现公司平稳持续较快发展,服务城乡统筹发展的直辖市建设。

C17 前郭石化

公司始终坚持发展这个第一要务,秉承"做精炼油,做强化工,发展化肥"的发展战略,建设自己的企业。公司现有10套炼油化工生产装置,特别是投资6.5亿元人民币、以糠醛为原料的2万吨/年聚四氢呋喃生产装置的建设投产,实现了我国氨纶原料国产化。还有随着前期准备工作的启动,可以预见,中国最大的化肥生产基地也将在前郭石化建成。面对激烈的市场竞争,公司坚定必胜信念。相信,在公司党政班子的正确领导下,全体员工将进一步树立和落实科学发展观,坚持公司既定的发展战略,坚持"以人为本,求精、做特、图强"的工作思路,为祖国的腾飞贡献力量!

C18 沈阳化工

沈阳化工股份有限公司坐落于中国的工业重地辽宁省沈阳市,是国家512户和辽宁省60户重点企业之一,综合实力位居全国重点氯碱企业前列。公司前身沈阳化工厂始建于1938年,1997年改组为股份制企业,同年2月20日A股股票在深交所上市,系股份制上市公司。公司主导产品以氯碱为龙头,以氯碱两翼高附加值为核心,形成了烧碱、盐酸、液氯、糊用聚氯乙烯树脂、气相法二氧化硅、氯化石蜡、润滑油等产品链。其中糊用聚氯乙烯树脂、气相法二氧化硅、氯化石蜡等优势产品的产能位居全国第一位。公司工艺技术领先,产品研发实力雄厚,拥有国家级博士后科研工作站和省级企业技术中心,系沈阳市双创示范企业。拥有从日本、意大利、乌克兰等国家引进的具有世界一流和国内领先的糊用聚氯乙烯树脂、离子膜烧碱、气相法二氧化硅技术和装置;自行研制开发的氯醋共聚糊树脂项目,填补了国内生产空白;溶剂法氯蜡—70的替代产品——水相法氯蜡—70实现了规模化生产;气相法纳米级材料正在加紧研发。自行研发的产品和项目多次获得国家、省、市科技进步奖。公司坚持"诚信为本,技术领先,质量取胜,创新开放"的经营理念,具有完善的质量管理保证体系,通过了ISO14001环境体系认证、ISO9001质量管理体系认证、OHSMS18000职业健康安全管理体系认证。获得了"全国质量管理先进企业"称号,被省政府授予"辽宁省质量管理奖";糊用聚氯乙烯树脂在同类产品中唯一被评为"全国用户满意产品";氯碱系列产品被命名为"辽宁省名牌产品";公司还先后被评为全国环境保护先进单位,省、市花园式工厂和省绿化先进单位。公司坚持"与时俱进、创新开放、以人为本、迎接挑战"的工作方针,将以建立国家级工业带为中心,以调整优化为目标,形成糊用聚氯乙烯树脂、气相法二氧化硅、环氧丙烷、聚醚多元醇、离子膜烧碱、氯化聚合物、系列精细化工等全方位发展的产品成长链,实现氯碱化工、精细化工、纳米级高新材料的三大突破。

C19 无锡亿钶

无锡市亿钶自动化设备有限公司位于江苏省无锡市滨湖经济技术开发区,是专业为汽车、流体电子相关行业提供技术装备和自动化设备生产线的民营高科技股份制企业。公司占地面积4000平方米,固定资产2000万元。公司拥有从美国、日本等地引进的数控综合加工机30余台。公司现有员工100余人,中专以上学历占全公司职工70%,老中青结合的人才梯队结构,使我们整个团队集体具有驾驭技术和信息的成熟经验。公司是国内较早从事各种生产线、检测设备和检测仪器、各类综合试验台的制造商之一,工厂致力于生产设备和自动化检测设备的研究和开发,拥有一支专业化的研发设计、安装和快捷便利的售后服务队伍。具有专业的技术和完善的管理。以不倦的创新精神和技术全面的特点,在汽车、电子、家电、流体行业有着辉煌的业绩。为顾客度身订制及传递自动化的生产管理理念是我们的职责,合理化、人性化、效率化是我们追求的目标。"发展才是硬道理",亿钶将牢记自己的社会使命,把最好的产品、最优的服务奉献给广大顾客。

C20 浙江铁路

浙江省人民政府提出改革全省铁路投资、建设和运营管理体制,加快推进浙江铁路现代化建设,浙江省铁路投资集团有限公司应运而生。它是以原浙江省发展投资集团有限公司为主体并整合其他省内铁路管理资源,于 2006 年 9 月组建设立的国有独资有限责任公司,总资产 130 亿元,注册资本金 20 亿元。集团为专业铁路投资营运机构,主要从事铁路、城际及其他轨道交通工程项目投融资、建设、运营管理,客货运输、仓储、物流以及铁路沿线综合开发等配套业务。同时,兼营高新技术产业、先进装备制造、新型材料、精细科技化工、房地产、资产管理、国内外贸易以及现代服务业的投资开发与经营管理。作为浙江省铁路投资的责任主体,浙铁投资集团将按照"政府扶持、企业运作、多元筹资、综合经营"的原则,切实履行好省委、省政府赋予的各项铁路建设任务,以温福铁路、甬台温铁路、宁杭城际铁路、沪杭甬客运专线杭甬段、金温铁路扩能提速改造、沪杭磁悬浮和杭州铁路枢纽等"六线一中心"为重点,构筑铁路三小时交通圈。努力开创"铁路主业凸现、主辅相互促进、资源互为补充、铁路带动产业、产业支撑铁路"的良好局面,打造主营突出、管理先进、运作高效、效益良好的多元化经营的铁路产业集团,为浙江铁路建设提供良好的操作平台、融资平台和产业支撑平台。"雄关漫道真如铁,而今迈步从头越"。面对浙江省"十一五"铁路建设规划绘就的宏伟蓝图,跨入全新发展阶段的浙铁投资集团立志投身铁路,造福人民,努力探索改革与发展的新道路,争创铁路建设事业的"浙江经验",全力推进浙江铁路的跨越式发展,使中国铁路现代化的目标率先在浙江实现。

C21 三锋电工

光阴荏苒,时光如梭,随着电动工具的发展,随着历史前进的脚步,工具制造有限公司走过了十年光辉历程。三锋人建设了三锋公司,公司养育了人。人确定了"与时俱进、乘势快上、创新求变、自强不息"的三锋精神,形成了一整套理念体系、价值观念和经营机制,造就了一支敢打硬仗、能打胜仗的干部职工队伍,年年新气象,岁岁攀高峰,取得了物质文明和精神文明建设的辉煌成就。为了实现 2006 年公司发展战略,在这个阳春三月公司动力工具事业部正式成立,这为公司实现电动工具与汽油锯"两翼齐飞"的战略部署拉开了序幕,公司将全面推行以"三锋"为主体的品牌战略,不断提高产品质量,逐渐加快发展步伐,为祖国的建设贡献力量。

C22 工贸资产

宁波市工贸资产经营有限公司是根据宁波市委、市政府批准，经宁波市国有资产管理委员会授权，经营管理原市属工业系统的工业和贸易国有资产的国有独资有限责任公司。通过对国有股权等各类资产的经营管理，盘活国有资产存量，促进国有资产优化配置，实现市属工业国有资产的积聚与整合，巩固和发展市属工业系统两项制度改革成果。公司成立于 2002 年 12 月 23 日，现有参控股企业 52 家，涉及化工、机械、医药、电子、建材、轻纺、商贸、工业投资、信用担保等多个行业，其中上市公司三家。公司资产总规模 28 亿元。公司成立五年来，充分利用现有优势，加快对所接收资产的清理整合步伐，加快历史遗留问题的平稳解决，在确保国有资产保值增值的基础上实现工作重心的战略性转移，不断扩大国有资产的控制力、行业影响力和带动力，公司实力明显增长，核心运作平台逐步显现，为下一个五年的发展打下了扎实基础。在董事会的领导下，公司经营班子偕全体员工，将依据国家产业政策和宁波市经济发展战略，以科学发展观为指导，以产权管理为纽带，以国有资产保值增值为目标，统筹兼顾，努力把公司打造成投资组合合理、比较优势突出、管理专业化和规范化，具有一定的控制力、影响力和带动力的以投资工业及相关领域为主的、具有鲜明区域特色的国有资产经营管理公司。工业国有资产经营和管理有着广阔的发展空间，我们一定会以全新的工作思路和运作机制，努力履行我们的职责，拓展我们的事业，开创属于我们的崭新明天！

C23 鄂尔多斯市大华

鄂尔多斯市大华建筑(集团)有限责任公司的前身为 1953 年成立的原伊克昭盟第一建筑工程公司，1998 年企业转制时，组建了鄂尔多斯市大华建筑(集团)有限责任公司，具有房屋建筑工程施工总承包一级资质。公司的经营范围：房屋建筑工程，建筑装修装饰工程，起重设备安装工程，建筑防水工程，堤防工程，水工大坝工程，房地产开发，物业管理，建筑结构配件生产，建筑材料生产销售，砼搅拌，汽车运输、吊装，工程机械租赁等。公司注册资金 1.0768 亿元，拥有各种先进设备 695 台(辆)，各种大型土石方施工机械、吊装机械及中小型机械等设备配套齐全，动力装备率 3.48 千瓦/人。年从业人员在 3000 人以上，各类专业技术人员 397 人，其中中高级职称的 180 多人，有一级项目经理 14 人。近年来，集团公司年完成施工产值达 5 亿元，年竣工面积达 65 万平方米。先后完成了鄂尔多斯市创业大厦、伊旗新庙电厂、东胜区绿洲家园、苏力德大酒店、华莹住宅小区等一批标志性工程；创建了鄂尔多斯市移动通信公司办公楼等 29 个市级优质样板工程、优秀施工工程和市法院办公楼工程等 20 个安全文明工地。并且，每年有 4 个以上工程被评为自治区优质样板工程和优秀施工工程，有 3 个以上工地被评为自治区安全文明工地，工程一次验收合格率达 100%。2002 年通过了 ISO9001:2000 国际质量体系认证，从 1993 年起，集团公司连续被评为自治区级"重合同、守信用"单位，曾被自治区建筑企业评价中心评为"全区建筑业企业最大经营规模第 13 名"，2000 年被原伊盟建设局评为"明星企业"，2006 年被内蒙古人民政府评为"全区非公有制经济就业贡献十佳企业"。企业的实力和信誉不断提高,规模日益扩大,为鄂尔多斯市的经济发展和社会进步做出了很大贡献。在今后的发展过程中,公司将继续遵循"团结、诚信、创新、奋进"的企业精神,本着"以质量求生存,以信誉求发展"的宗旨,充分发挥在人员、技术、设备、管理方面的优势,进一步解放思想,抓住机遇,加快企业进步,以增强集团竞争力为重点,不断提高资产运作水平和经济效益,推动企业快速高效发展,继续为鄂尔多斯市的经济发展做出更大的贡献。

C24 大庆油田

辉煌镌刻历史,发展缔造未来。有着 44 年发展历程的大庆油田谱写了举世瞩目的不朽篇章。在新的历史条件下,大庆油田有限责任公司将忠诚实践"三个代表"重要思想,把发展作为第一要务,紧紧抓住振兴东北老工业基地的历史机遇,牢固树立科学的发展观、正确的政绩观和坚定的群众观,始终站在维护国家石油战略安全、实现中油集团整体发展和推动地方经济增长的高度,谋划和实施油田可持续发展,团结一心,求真务实,开拓创新,不断追求资源探明率最大、采收率最高、整体效益最优、队伍素质最好,以优异成绩回报国家、回报社会、回报员工,为实现"持续有效发展,创建百年油田"的战略目标而努力奋斗。

C25 新龙酿酒

中信集团吉林省新龙酿酒有限公司是一家现代化大型酒精及相关产品生产经营企业。厂址坐落于玉米资源丰富的梨树县十家堡经济开发区,交通便利,京哈铁路、102 国道、长平高速公路近在咫尺。厂区占地面积 18.5 万平方米,建筑面积 4.2 万平方米,资产总额 3.1 亿元,年销售额 32.420 万元。公司采用法国德西尼公司的先进生产工艺,从法国、德国、英国引进关键设备。主要车间实现电脑程控化管理,生产装备处于国际先进水平。公司人才济济,聘用国内外高级技术人员、管理人员 40 余人。引进新西兰沃兰特国际有限公司经营机制,全面推行现代化管理。是吉林省农业产业化龙头企业。年加工转化玉米 13 万吨,生产无水酒精、优级食用酒精 4 万吨,DDGS 蛋白饲料 4 万吨,液体二氧化碳 5 千吨。质保体系健全,检测手段完备。为用户提供优质的产品和满意的售后服务。同时利用传统工艺与现代技术完美结合开发具有民族风格的地方名酒天龙泉酒、天龙液酒、天龙醉酒等十余种天龙毓酒。现已形成年产 5 千吨的生产能力。

天龙系列酒,以红高粱、玉米、大米、纯净水为原料,采用宫廷秘方及传统工艺,结合现代科技,采用电脑配方,精酿而成,具有浓香醇甜、爽净绵软、回味悠长等独特风格,是宴请宾朋、馈赠亲友之佳品。

公司始终奉行"质量第一,信誉至上"的服务宗旨,以一流的技术、一流的设备,生产出一流的产品,奉献于社会,并得到了广大客户的认可和支持。

德语语篇

D1 Forbo Flooring

Ihr Forbo ist ein weltweit für die Kunden tätiger Hersteller von Bodenbelägen, Klebstoffen und Kunststoffbändern. Das Unternehmen beschäftigt rund 5. 600 Mitarbeiter und hat ein internationales Netz von 30 Produktions gesellschaften sowie über 45 Vertriebs- organisationen in 30 Ländern, die unseren Kunden am Ort bedienen können.	1 您的 Forbo 是一个在全球为客户工作的地板铺垫、粘胶和塑料带生产商。
	2 公司有大约 5600 名员工。
	3 在 30 个国家有 30 个生产厂和 45 个销售公司,(他们)能在当地为我们的客户服务。
Ihre in Paderborn ansässige Forbo Flooring GmbH ist Ihre Vertriebsniederlassung der Forbo Gruppe, die derzeit 90 Mitarbeiter/-innen beschäftigt. Ihr Geschäftsführer ist Herr Martin Thewes, der jederzeit bereit ist, Ihre Meinungen zu hören.	4 您的坐落在 Paderborn 的 Forbo Flooring 有限责任公司是 Forbo 集团的销售部,它有 90 名员工。
	5 您的公司总经理是愿意时刻听取您的意见的 Martin Thewes 先生。
Als Ihr Anbieter hochwertiger Bodenbeläge ist die Forbo Flooring GmbH seit Jahren am deutschen Markt tätig. Unsere ausgewogene und überzeugende Produktpalette umfasst Linoleum- und Vinyl- Bodenbeläge für den anspruchsvollen Wohn- und Objektbereich sowie für stark beanspruchte Industriebereiche.	6 作为您的高值地板铺垫供应商,多年来在德国市场上工作。
	7 我们的高质的、令人信服的产品系列包括用于高标准的居住和其他方面,以及用于特殊要求的工业领域的仿漆布和乙烯基地板铺垫。
In den Segmenten Gesundheitswesen, Bildungswesen, Öffentliche Einrichtungen und Industrie bieten wir Ihnen optimale Bodenbelagslösungen.	8 在健康、教育事业、公共设施和工业细分市场,我们为您提供最佳地板铺垫方案。
In dem Bewusstsein, dass die Beläge während der Nutzung höchsten Beanspruchungen ausgesetzt sind, hält wir unseren Kunden weitere Serviceleistungen bereit, die den Werterhalt über den gesamten Lebenszyklus sicherstellt.	9 意识到铺垫在使用过程中极高的要求,我们愿意为我们的客户在整个寿命周期保证其价值方面提供继续的服务。
Ein erfahrenes Team von Mitarbeitern unterstützt Sie bereits in der Planungsphase bis	10 您的有经验的员工团队,从计划期开始直到项目完成,以及在之后的"售后服务"中都支持您。
	11 因为顾客满意对我们来说是最高的条规。

（续表）

zur Projektrealisierung und darüber hinaus im Rahmen eines „After Sales Service". Denn Kundenzufriedenheit ist für uns oberstes Gebot.	

D2 Das Unternehmen STIHL.

| Das Unternehmen STIHL — Wegweisend seit 80 Jahren
Seit der Gründung setzt Ihr Unternehmen STIHL auf revolutionäre Technik und innovative Ideen, die schließlich den Kunden zugute kommen. In der 80-jährigen Geschichte machte uns dies zum Synonym für Spitzentechnik. Heute steht die Marke STIHL weltweit für Qualität und Service im Interesse der Kunden. In über 160 Ländern der Welt helfen unsere Produkte unseren Kunden bei der Arbeit — dies hat uns zur Motorsägenmarke Nummer 1 gemacht — weltweit. | 1 STIHL 公司。自 80 年以来就在指明道路。
2 自成立以来,您的 STIHL 公司就注重使客户受益的革命性技术和创新思维。
3 八十年的历史中,这使我们成为尖端技术的同义词。
4 今天,STIHL 品牌在全世界为保障客户的利益,以质量和服务知名。
5 我们的产品在 160 个国家帮助我们的客户工作。
6 这使我们成为动力电锯品牌世界第一。 |

D 3 SIM

| SIM — Ihr Partner für Ihre Fabrikautomation!
Ein Unternehmen der Familie Julius Thyssen, Mülheim an der Ruhr nachhaltig existent.
— Beratung und Planung, Konstruktion und Engineering sowie Fertigung und Service aus einer Hand.
— Dienstleister für Ihre Fertigung.
— Kunden- und produktorientierte Anlagen und Systeme
— kundenbezogenens Projektmanagement | 1 SIM——您的工厂自动化伙伴!
2 这是 Julius Thyssen 家族的一个企业, Mülheim an der Ruhr 是它的长期驻在地。
3 — 咨询和计划、设计和施工,以及安装和服务全部一条龙服务。
4 — 您的安装服务商
5 — 满足顾客和生产的设备以及系统
6 — 针对顾客的项目管理 |

（续表）

— umfangreiches Know-how in der Fertigungsautomation und in der Zuführtechnik — partnerschaftliche Kundenbeziehung — Forschungs- und Entwicklungsprojekte mit Universitäten — Ausbildung von BA-Studenten und Lehrlingen SIM heute — Ingenieure und Techniker, sie sind für Sie da!	7 — 在安装自动化和供应技术方面有众多技术诀窍 8 — 伙伴般的顾客关系 9 — 和大学一起进行研究和发展项目 10 — 培训学士学位学生和学徒 11 SIM 的今天——工程师和技术员，他们为您服务！

D4 Bohrtechnik

Wir stellen uns vor: *"Damit gehen Sie der Sache auf den Kern!"* Ihre Firma Jörg Pischke, Betonbohr- und Schneidetechnik besteht nach dem Bedarf der Kunden seit dem 01. 06. 1984 im Stadtgebiet Nächstebreck-Barmen in Wuppertal und sind seit dem Jahre 1992 Mitglied im Betonbohren- und Sägen Fachverband Deutschland. Mit unseren eingewiesenen und erfahrenen Mitarbeitern bedienen wir, mit einem breitem Leistungsspektrum und hoher Perfektion, alle Ihren Anforderungen, sei es für Architekten, Bauunternehmen, Behörden sowie für private Haushalte. Wir stellen Öffnungen verschiedener Art in Beton und Mauerwerk her, ob bei Planungsänderungen im Neubau, bei der Sanierung im Altbau, bei Montagearbeiten und ebenso bei der Verlegung von Leitungen, Rohren, Entlüftungen und natürlich bei allen Arbeiten, wo es in oder durch unnachgiebigen Beton, Marmor, Asphalt oder Mauerwerk	1	我们介绍自己：*"这样您可以介入到事物的实质！"*
	2	您的 Jörg Pischke 混凝土钻孔和切割技术公司从 1984 年 6 月 1 日起为满足客户的需求在 Wuppertal 市 Nächstebreck-Barmen 城区成立，
	3	并且自 1992 年起就是德国混凝土钻孔和切割专业协会的会员。
	4	我们经过培训的、有经验的员工，通过广泛的服务和尽善尽美的工作为您的需求服务，不管是建筑设计、建筑公司、政府部门还是私人家庭。
	5	我们承接不同的混凝土和砖墙开孔，不管是修复老建筑，还是安装工作，或者是安装线路、管道、通风口以及其他所有与混凝土、大理石、沥青或者砖墙相关的工作。
	6	在这方面，我们一直谨慎地和带着压力工作，以便我们的客户能履行他们的竣工期。

（续表）

gehen soll. Dabei arbeiten wir stets zügig und mit Druck, damit unsere Kunden ihrerseits die Termine einhalten können.	

D5 Ancoso

Unsere Grundphilosophie und gleichzeitig unser Erfolgsrezept ist, dass wir die Kundenzufriedenheit an erste Stelle stellen. Um diese zu realisieren spielen bei uns drei Faktoren zusammen: Höchste Qualität der Produkte flexibler, kundenorientierter Service und innovative, hochqualifizierte und motivierte Mitarbeiter. In allen Fragen rund um das Thema IT stehen wir Ihnen als starker Partner mit Kompetenz und Erfahrung zur Seite. Einen Partner sollte man kennen. Deshalb finden Sie hier Informationen in eigener Sache.	1 我们的根本哲学,同时我们的成就方针是,我们把顾客满意放在第一位。 2 为了实现该方针,有三个要素在我们这里起作用:产品的最高质量,灵活的、客户导向的服务和有创造性的、高素质的以及有干劲的员工。 3 在所有涉及 IT 的问题方面,我们作为您的强大的、有能力的和有经验的伙伴站在您的身边。 4 对一个伙伴,人们要进行了解, 5 所以您在这里找到自己需要的信息。

D 6 Görtz

Alles geht mit Görtz! Das ist unsere Philosophie. Damit meinen wir zunächst einmal bestmöglichen Service für unsere Kunden. Den, den man sieht. Also freundliche und kompetente Beratung. Und das ist der, den man nicht sieht, aber trotzdem wahrnimmt. Zum Beispiel perfekte Organisation und computergestützte Logistik. Nicht zum Selbstzweck, sondern für Sie. So kommen Sie schließlich noch schneller und bequemer an Ihren Lieblingsschuh. „Gibt's nicht", gibt's	1 在 Görtz 一切皆可能! 2 这是我们的哲学。 3 我们首先意指的是给予我们的客户以尽可能最好的服务。 4 这,这为人所能见。 5 即友善的和有效的咨询。 6 那,那为人所看不见, 7 但却是能感受到的。 8 比如完美的组织和由计算机支持的物流。 9 不是为了自己,而是为了您。

（续表）

| eben nicht bei GÖRTZ. | 10 | 这样您可以更快地和更轻松地得到您喜欢的鞋子。 |
| | 11 | "没有"在 GÖRTZ 不存在。 |

D7 Datenbearbeitung

Anstehende Aufgaben lösen wir gemeinsam mit Ihnen. Dafür nutzen wir sämtliche Arbeits-formen und Werkzeuge: Workshops, Schulun-gen, Projekte, Standard-Software und indivi-duelle Lösungen sowie Datenbanken für Sie. In enger Zusammenarbeit mit Ihnen entwickeln wir ein Beratungskonzept, das an Ihrem tatsächlichen Bedarf ausgerichtet ist. Wir ge-hen effektiv und effizient vor und erreichen so bei unseren Lösungen die nötige Qualität und Tiefe. Das macht unsere Dienstleistung zur lohnenden Investition in die Zukunftsfähigkeit Ihres Unternehmens. Erfolgreich sind wir, wenn wir mit unserer Dienstleistung Ihre Fragestellung lösen können. Unsere Aufmerk-samkeit gilt deshalb nicht unserer Konkurrenz, sondern der nachhaltigen Konkurrenzfähigkeit unserer Kunden. Wir überzeugen mit erfolg-reichen Projekten, die uns auch langfristig zu kompetenten Partnern machen. Mit unserem Wachstum bauen wir unsere Kompetenz und die Qualität unserer Arbeit weiter aus. Wir ar-beiten streng neutral. Sensible Kunden-Daten werden bei uns entsprechend diskret behan-delt. Es ist für uns selbstverständlich, dass wir die Geheimhaltung und Qualität Ihrer Daten in jeder Projektphase sicherstellen.	1 2 3 4 5 6 7 8 9 10 11 12 13	存在的问题我们和您一起解决。 为此，我们为您使用所有的工作形式和工具：工作室、培训、项目、标准软件和个性化的解决方案以及数据库。 在和您的紧密合作中，我们制作出符合您实际需要的咨询方案。 我们高效地、合理地工作，这样我们可以在我们的解决方案中达到所需的质量和深度。 它使我们的服务成为您公司具有未来能力的、有价值的投资。 我们成就非凡，如果我们能用我们的服务解决您的问题。 因此，我们的关注点不是我们的竞争，而是我们客户的持久竞争力。 我们通过卓有成效的项目来证明， 这些项目使我们成为有能力的伙伴。 随着我们的成长，我们继续扩展我们工作的质量。 我们工作严格中立。 敏感的客户资料在我们这里相应地进行机密处理。 在项目进行过程中保守您的数据的秘密和质量，对我们来说是理所当然的。

D8 Computertechnik

Wir beschäftigen uns ausschließlich mit Computer. Daher können wir unser Wissen ständig ausbauen und für unsere Kunden am neuesten Stand halten. Durch rasche und kompetente Lösung Ihrer Computerprobleme ermöglichen wir Ihnen ein effektives und reibungsloses Arbeiten ohne lästige Störungen, die Ihnen Umsatzeinbußen bringen. Unser geschultes Team ist auch nach Dienstschluss in Notfällen für Sie da. Kundenbetreuung ist für uns von größter Bedeutung. Jeder Kunde hat seinen persönlichen Betreuer, je nachdem, welche Systeme bei ihm in Verwendung sind. Der Techniker hat die Möglichkeit, die Computeranlagen seiner Kunden nicht nur zu warten, sondern auch durch seine Vertrautheit mit der Infrastruktur kosteneffektiver zu arbeiten.	1 我们只和计算机打交道。 2 因此我们能够不断扩大我们的知识 3 并且为我们的客户保持最新的状态。 4 通过快速和有效地针对您的计算机的解决方案,我们能够让您工作有效、通畅,并且不会给您带来干扰。 5 必要时,我们经过培训的团队在下班时间也为您服务。 6 客户服务对我们具有最大的意义。 7 每一个客户都根据他的系统为他配备服务人员。 8 技术员不仅能够维护他的客户的计算机设备,而且也因为他熟悉基础设施更能有效地工作。

D9 SiMaKo

Kundenzufriedenheit im sensiblen Bereich der Sicherheitsdienstleistung ist das höchste Ziel der **SiMaKo Sicherheitsdienste.** Durch ständige Ausbildung der Mitarbeiter nach den Richtlinien der Industrie- und Handelskammer wird dieses Ziel erreicht. Mit der Ausbildung zum Industriemeister, Fachrichtung Werkschutz, kann für die eingesetzten Mitarbeiter bei allen Sicherheitsdienstleistungen der **SiMaKo Sicherheitsdienste** eine spezifizierte Ausbildung für die Kunden gewährleistet werden.	1 在安全服务的敏感领域,顾客的满意是 SiMaKo 安全服务公司最高的目标。 2 按照工商会的指针,通过对员工的不断培训达到这一目标。 3 借助专业方向为车间保护的工业技师的培训,可以保证 SiMaKo 参与服务工作的员工能接受到针对客户的特别的培训。 4 另外,每一个员工都能够接受到针对项目的培训。 5 我们员工的培训状况将会被记录。

（续表）

Weiter wird jeder Mitarbeiter objektbezogen ausgebildet. Der Ausbildungsstand unserer Mitarbeiter wird dokumentiert, der Kunde hat die Möglichkeit zur Einsichtnahme. Unangemeldete Besuche unserer Kunden bei Schulungen sind erwünscht. Schulungen der Mitarbeiter werden den Kunden mitgeteilt. Wir wollen, dass Sie uns prüfen. Durch effektive Motivation und Kommunikation sowie einer leistungsgerechten Bezahlung erreichen wir ein höchstmögliches Maß an Sicherheit. Zu Ihrer Sicherheit. Wir sind nach DIN EN ISO 9001:2000 zertifiziert. Optimal aufeinander abgestimmte interne Sicherheitskonzepte lassen uns die Dienstleistung erbringen, die Sie von uns erwarten.	6 顾客能够对此进行检查。 7 欢迎我们的顾客在培训时突然造访。 8 员工的培训会告知顾客。 9 我们想要您对我们进行考核。 10 通过有效的鼓励和交流以及与工作相符的报酬，我们达到安全的最高指标。 11 为了您的安全。 12 我们获得了 DIN EN ISO 9001：2000 质量标准。 13 内部协调的安全方案可以让我们提供最佳服务，这是您对我们的期望。

D10 Autobirne

Wir sind Ihr automobiler Dienstleister für die Marken Volkswagen, Audi und Volkswagen Nutzfahrzeuge. Unser Autohaus befindet sich im Gewerbegebiet Eikboom in Bad Doberan, keine 20 Minuten vom Rostocker Zentrum entfernt. Alle Standards, die vom Hersteller gefordert werden, erfüllt unser Haus. Das fängt bei einem umfangreichen Qualifizierungsprogramm für alle Mitarbeiter an, das nach Ihrem Bedarf richtet. Und geht bis hin zur kompletten Werkstattausrüstung, die Ihnen dient. Weiterhin erfüllen wir die Qualitätsstandards	1 我们是您的大众、奥迪和大众工具车汽车服务商。 2 我们的汽车展厅在 Bad Doberan 市 Eikboom 工业区里，离 Rostock 市中心不到 20 分钟的距离。 3 生产商所要求的标准，我们的展厅都完全符合。 4 这首先体现在为满足您的需求而进行的对所有员工的培训计划上， 5 并体现在用于服务于您的整体的车间装备上。 6 另外，我们满足 ISO 9001 质量标准。

（续表）

der ISO Zertifizierung 9001. Mit momentan 12 Auszubildenden spiegelt sich unsere große soziale Verantwortung für die Region wieder. Mehrmals wurden wir zu einem der besten Ausbildungsbetriebe gekürt. Wir sehen uns als Partner unserer Kunden. Dabei stehen wir Ihnen gern beratend in allen Bereichen rund ums Fahrzeug zur Verfügung. Viele Kunden schätzen die familiäre Atmosphäre und vertrauen unseren Mitarbeitern, dabei freuen wir uns jederzeit über Ihre Meinung, denn keiner ist perfekt. Gern erwarten wir Sie in unserem Haus.	7 8 9 10 11 12 13 14 15	目前我们招收了 12 个学徒,它反映出我们对本区域的巨大的社会责任。 我们被多次评选为最佳培训企业。 我们把自己看作是我们客户的伙伴。 为此,我们愿意在所有领域里围绕汽车为您提供咨询。 许多顾客都看中这里的家庭气氛, 相信我们的员工。 我们任何时候都欢迎您的意见。 因为,没有人是完美无缺的。 我们愿意在展厅里等待着您。

D11 Arsnova

Ihre ARSNOVA Software GmbH überzeugt die Kunden wie Sie durch Qualität, Termin- und Inhaltstreue. Wir sind unseren Kunden und Lieferanten stets ein fairer Partner und bieten unseren Mitarbeiterinnen und Mitarbeitern zukunftssichere Arbeitsplätze, die für Sie auch wichtig sind. Unser Ziel sind zufriedene Kunden, Lieferanten und Mitarbeiter. Überzeugen Sie sich hiervon selbst in unserer Referenzenliste. Ihr ARSNOVA ist seit nunmehr 18 Jahren ein innovatives Software-Unternehmen, das für Sie arbeitet. Um Ihren Anspruch zu halten, müssen wir ständig am Puls der Zeit arbeiten. Aus diesem Grund beteiligt sich Ihr ARSNOVA	1 2 3 4 5 6	您的 ARSNOVA 软件公司以质量、守时和忠实内容令如您这样的客户信服。 我们对于我们的客户和供应商永远是一个公平的伙伴, 并向我们的员工提供有未来保障的工作岗位,这对您来说也是非常重要的。 我们的目标是满意的客户、供应商和员工。 为此,您自己可以通过我们的客户名单进行确认。 您的 ARSNOVA 十八年以来一直是一个为您而服务的、有创造力的软件公司。

（续表）

an vielen Forschungsprojekten in den verschiedensten Bereichen. Profitieren auch Sie von unserem umfassenden Know-how in Ihrem Projekt. Mit Ihrem ARSNOVA wird es garantiert ein Erfolg! Benötigen Sie weitere Informationen zu ARSNOVA? Dann rufen Sie uns unter der Rufnummer + 49(711)932810 an oder kontaktieren Sie uns über das Internet.	7　为满足您的要求,我们必须不断随着时间的脉搏工作。 8　因此,您的 ARSNOVA 在不同领域参与许多科研项目。 9　您也在您的项目中从我们广博的技术诀窍中获利吧。 10　您的 ARSNOVA 是您成功的保证。 11　您还需要有关 ARSNOVA 的信息吗? 12　请电 +49（711）932 810 13　或者通过互联网和我们联系。

D12 Leica

We speak image Bilder Kommunikation ohne Worte. Bilder können einerseits klar und deutlich bestimmte Sachverhalte vermitteln, andererseits jedoch so subtil und komplex gestaltet sein, dass sie in vielerlei Hinsicht gedeutet werden können. In beiden Fällen stellen sie die einzige Kommunikationsmöglichkeit über Sprachgrenzen hinweg dar. Wir von LEICA haben es uns für die Kunden zum Ziel gesetzt, diese globale Sprache perfekt zu beherrschen. Wir bieten Ihnen die komplette Ausrüstung zur Bildgebung von Digitalkameras über Office-Druck- und Scansysteme bis hin zu ferngesteuerter Röntgentechnologie. Somit sind wir Ihr idealer Partner, wenn es darum geht, in der Sprache der Bilder zu kommunizieren präzise, fließend und eindrucksvoll. Wo soll es losgehen?	1　图片——无言的交际。 2　图片能够一方面传递一定的内容, 3　另外一方面却又能从许多方面进行细致复杂的表现。 4　在这两方面,它都能超越语言,表现独一无二的交际性。 5　来自 Leica 的我们为了客户完美地拥有这一世界语言。 6　我们给您提供完整的图片设备——从数码相机到办公室打印和扫描系统,到远程控制的透视工艺。 7　因此,我们是您的理想的伙伴,如果涉及到用图片语言进行精确、流畅和印象深刻的交际的话。 8　从哪里开始呢?

D13 Enkelmann

Technik ist Bestandteil unserer Kultur. Wir haben Verantwortung. Verantwortung zeigt sich im Handeln, jetzt und für die Zukunft. Diese Verantwortung verpflichtet uns gegenüber der Gesellschaft, den Kunden, Mitarbeitern und Lieferanten. Der Begriff der Qualität ist wesentlicher Bestandteil unserer Unternehmensführung und umfasst alle Geschäftsgebiete und Funktionsgebiete. Es ist unser Ziel, Produkte und Leistungen von hervorragender Qualität und von höchstem Nutzen für unsere Kunden zu bieten. Wir wollen zufriedene Kunden mit dauerhaftem Vertrauen in unser Leistungsangebot, von der Beratung und Problemlösung über die Lieferung und Montage bis zum Service. Das Urteil unserer Kunden ist der entscheidende Qualitätsmaßstab für uns. Wesentliche Faktoren für das Erreichen optimaler Kundenzufriedenheit sind die Feststellung und anschließende Erfüllung der Anforderungen an das Produkt oder die Leistung, die durch die Aufgabenstellung des Kunden und durch die geltenden Gesetze und Normen definiert werden. Die optimale Erkennung und Erfüllung dieser Anforderungen ist daher eine wesentliche Verpflichtung aller Mitarbeiter und ein übergeordnetes Unternehmensziel.	1 技术是我们文化的一个组成部分。 2 我们有责任。 3 责任通过现在和将来的行动表现出来。 4 这一责任使我们对社会、客户、同事和供应商承担义务。 5 质量概念是我们领导企业的重要组成部分 6 并涵盖所有的生意领域和功能领域。 7 我们的目标是为我们的顾客提供高质量及高效的产品和服务。 8 我们想要对我们的咨询、解决方案、供货、安装和售后有持久信任感的满意客户。 9 我们客户的评价对我们来说就是质量标准。 10 达到客户最佳满意度的要素是确定并且立即满足客户产品或者服务的需求， 11 这些要通过客户提出的任务和通过相应的法律和标准定义。 12 对这些要求的最佳识别和满足是所有员工的重要义务和至高的企业目标。

D14 GeGa

Werte und Stärken eines internationalen Familienunternehmens!	1 一个国际化家族企业的价值和长处！

（续表）

Ihre GeGa Gesellschaft für Gasetechnik ist spezialisiert auf die Entwicklung, Konstruktion, Verkauf, Fertigung und Inbetriebnahme von Brennschneid-, Flämm- und Entbartungsmaschinen für Hütten- und Walzwerke.	2 您的 GeGa 气体技术企业专注于研发、制造、销售、组装和运营用于铸造厂和轴承厂的烧割机、燃解机和分割机。
Auf Grund der hochwertigen Produkte und des firmeneigenen Know-hows ist GeGa auf dem Weltmarkt führend.	3 基于高值的产品和公司自己的专有技术，GeGa 公司在世界市场上领先。
Um diese Position zu erhalten und auszubauen, streben wir eine immer höhere Kundenzufriedenheit an:	4 为了保持和扩大这一地位，我们力争更高的客户满意度：
Wir wollen, dass unsere Kunden zufrieden sind.	5 我们想要我们的客户满意。
Deshalb legen wir großen Wert auf die hervorragende Qualität unserer Produkte und Dienstleistungen. So fördern wir den Erfolg unserer Kunden und sind selbst profitabel, indem wir fortwährend bestehende Grenzen durch Innovation und Unternehmergeist überwinden. Die Eigentümer des Familienunternehmens bekennen sich zur sozialen Marktwirtschaft. Nur ein Unternehmen, das ertragsorientiert arbeitet, sichert seine Zukunft. Die Geschäftsleitung und alle Mitarbeiter orientieren sich an folgenden Unternehmenswerten: Innovation, Technologische Kompetenz, Integration, Wirtschaftlichkeit, Verantwortungsbewusstsein und Zuverlässigkeit	6 所以，我们很重视我们产品和服务的优秀质量。 7 我们促进了我们客户的成就。 8 我们自己也从中获益， 9 我们通过创新和企业精神不断逾越现存的边界， 10 家族企业的所有人信奉市场经济。 11 一个企业只有追求利润， 12 它才能保障它的未来。 13 企业领导和所有员工以下列企业价值观为方向： — 创新 — 技术能力 — 融合 — 经济性 — 责任意识 — 可靠

D15 PSG

Unsere Kunden verlassen sich auf eine ordnungsgemäße Erfüllung ihrer an uns übertragenen Aufträge. Das erklärte Unternehmensziel ist es die Kundenforderungen bestmöglich zu erfüllen und nach Möglichkeit dauerhaft zu übertreffen. Zuverlässigkeit, Termintreue und Flexibilität ist die Basis unseres Unternehmens. Der Nutzen, den unsere Kunden aus unseren optimalen Lösung ziehen, ist auch unser Nutzen und sichert den Fortbestand unseres Unternehmens. Unser Erfolg basiert im Wesentlichen auf dem Engagement und der Kreativität unserer Mitarbeiterinnen und Mitarbeiter sowie auf dem qualitativ hohen Stand unserer Produkte für die Gewährleistung des Interesses der Kunden. Dies sind auch die Faktoren, die uns gegenüber dem Wettbewerb im In- und Ausland auszeichnen. Es ist das Anliegen Ihrer Firma PSG GmbH, Produkte und Dienstleistungen anzubieten, die die ständig steigenden Qualitätsanforderungen unserer Kunden erfüllen. Am wichtigsten aber ist uns die Verlässlichkeit. Verlässlichkeit ist nicht nur in der Maschinensteuerung ein extrem wichtiger Faktor, sondern vor allem auch in der Beziehung von Mensch zu Mensch. Wir setzen uns von Anfang an mit den Problemstellungen unserer Kunden auseinander und entwickeln kundenspezifische, flexible Lösungen. Unsere Kunden profitieren von der Verknüpfung der Technologien und Kernkompetenzen im Haus.	1 我们的客户信任我们会认真地完成委托给我们的任务。 2 企业已确立的目标是最大可能地完成客户的要求 3 并持续地超越(这些要求)。 4 可靠、守时和灵活是我们企业的基础。 5 客户从我们的最佳方案中得到的收益也是我们的收益 6 并保障了我们企业的持续发展。 7 我们的成就主要建立在我们的员工为了客户的利益而进行努力和创造性,以及我们高质量的产品基础之上。 8 这些也是我们面对国内外竞争表现出来的品质。 9 您的 PSG 公司的愿望就是,提供能满足客户不断提高产品质量要求的产品和服务。 10 但对我们来说,最重要的是信赖。 11 信赖不仅在机械控制方面是一个非常重要的因素, 12 而且首先在人与人的关系方面也特别重要。 13 我们从一开始就和我们的客户讨论 14 并研制针对客户的、灵活的解决方案。 15 我们的客户从公司技术与核心能力的结合中得到收益。

D16 Schlotte GmbH

Herzlich Willkommen bei der Schlotte GmbH — Ihrem ETESIA Vertragspartner in Mitteldeutschland. Wir bieten Ihnen ständig eine große Auswahl an Neumaschinen und Gebrauchten für die Außenreinigung und Grundstückspflege. Alle Fabrikate, Größen und Leistungsklassen als preiswerte Kauf- oder Leasing-Alternative und Werkstattgeprüft. Nennen Sie uns Ihre Wunschmaschine oder informieren Sie sich über andere interessante Alternativen in unserer aktuellen Übersicht. Kostenloser Newsletter! Bleiben Sie am Ball: Informieren Sie sich über die neuesten Entwicklungen und Referenzen der Schlotte GmbH. Abonnieren Sie sich unseren Newsletter. Kontakt mit uns! Für mehr Informationen, eine kostenlose Vorführung, um Prospekte zu bekommen oder Bemerkungen zu machen, kontaktieren Sie uns! Sie haben Interesse? Dann schreiben Sie an info@schlotte.de oder rufen Sie uns unter Telefon 034298/62750 zurück.	1 衷心欢迎来到 Schlotte 公司——您的 ETESIA 在中部德国的合同伙伴。 2 我们向您长期提供大量的用于外部清洁和地基保养的新机器和旧机器。 3 所有型号、大小和功率级别可廉价购买或租赁，并且经过工厂检验。 4 告诉我们您的期望机器， 5 或者您在我们的最新清单上查询其他有用的机器。 6 免费的新闻公告！ 7 保持联系：查询 Schlotte 公司最新的发展和客户的反馈。订阅我们的新闻公告。 8 与我们联系！ 9 要得到更多的信息，免费的展示，索取手册或者评论，和我们联系， 10 您感兴趣吗？ 11 就写信给info@schlotte.de 12 或者给我们致电 034298/62750。

D17 Textilwerbe

Wie wir für Sie arbeiten! Wir unterstützen Sie von der Idee über Vormuster bis hin zur Serienproduktion, damit Sie genau das Produkt erhalten, was Ihren Ansprüchen entspricht. Legen Sie Ihren Auftrag in unsere erfahrenen Hände und erwarten Sie entspannt die Lieferung Ihrer Ware! Wir bieten Ihnen ein breites Sortiment	1 **我们怎样为您工作！** 2 我们从创意到前期模型以及系列生产，都为您提供支持， 3 以便您拿到的产品符合您的要求。 4 把您的订单放在我们的有经验的手中 5 并放心等待您的货品的发运。 6 我们向您提供各类可以不断地从

（续表）

an Textilprodukten, die wir permanent ab Lager liefern können. Auf Anfrage erfüllen wir auch schnell und zuverlässig Ihre Sonderwünsche. Wir bieten Ihnen eine große Auswahl hochwertiger Textilien. Unsere Devise：**Bei uns erhalten Sie die Produkte, die Sie wünschen und zwar genau so, wie Sie sie wünschen!** Dabei legen wir besonderen Wert auf eine persönliche Beratung! Denn als Unternehmen, das seit mehr als 25 Jahren Textilien für Merchandising, Marketing und Promotion liefert, wissen wir, wovon wir sprechen. Nutzen Sie unser Fachwissen sowie unsere Erfahrung für Ihre Ideen und lassen Sie uns gemeinsam genau die Artikel produzieren, die Sie wünschen!	7 8 9 10 11 12 13	仓库发货的纺织产品。 根据您的需要,我们也快速和可靠地满足您的特殊愿望。 我们给您提供大量高品质的纺织品。 我们的信条：**在我们这里您得到您希望的产品,并且就是您所期望的那个。** 为此我们重视个性化的咨询。 因为对于一个 25 年多来从事纺织品制造、营销和广告的企业来说,我们知道我们在说什么。 将我们的专业知识以及我们的经验为您的想法所用, 让我们一同生产您需要的产品。

D18 Rose

Jeder Auftrag des Kunden bildet stets eine einzigartige, neu anzugehende Aufgabe. Dabei gleicht keine Demontageleistung genau der anderen, da die mitspielenden Faktoren zu unterschiedlich sind. Insbesondere Funktionskriterien, Gestaltungswünsche, Standort- und Umweltbedingungen, gesellschaftliche Einflußnahmen sowie verfahrensmäßige und bautechnische Notwendigkeiten führen jedes Mal zu einer anderen Ausgangssituation. Die nachhaltige Zufriedenheit unserer Auftraggeber und jeder unseren Kontakt suchenden Person ist unser oberstes Gebot und Ziel.	1 每一个客户的订单都不断成为一个特别的、新的要从事的任务。 2 因此,没有任何一项拆除服务和其他的相同, 3 因为相关的因素太不同了。 4 特别是工作条件、外观要求、场地和外界条件、社会影响以及与运作相适应的、建筑技术的要素,每一次都能导致出现其他的工作情况。 5 我们的客户永远满意,并且有人愿意和我们联系,就是我们最大的心愿和追求的目标。

D19 Beratung

Unsere Kunden sind der Mittelpunkt unserer Tätigkeiten. Wir sind nicht nur bestrebt, Ihnen Produkte und Lösungen zu liefern, die Ihren Anforderungen entsprechen, sondern Ihre Erwartungen zu übertreffen. Weil man in einer saubereren und schönen Umwelt lieber und gesünder lebt! Wir betreuen, was wir verkaufen: Wir verkaufen Produkte, die langjährig betreut werden. Jeder im Team weiß: Unsere Kunden wollen ihre Ziele gründlich, schnell, umweltfreundlich und mit dem richtigen Preis-Leistungsverhältnis erreichen. Dennoch sind wir kritisch. Zuweilen heißt das, dass wir Wünsche des Kunden ablehnen, weil sie seinen Erfolg beeinträchtigen könnten. Wir setzen auf größtmögliche Transparenz und eine saubere kaufmännische Linie. Wir wollen, dass Sie unabhängig bleiben und setzen auf nachhaltige Geschäftsbeziehungen statt auf kurzsichtige Auftragsoptimierung oder Abhängigkeiten. Zugesagte Leistungen, vereinbarte Termine halten wir ein, da gibt es keine Entschuldigungen. Mit uns liegen Sie richtig. Durch unsere kleine, dezentrale Struktur können wir flexibel, schnell, effizient und kompetent auf Ihre Anforderungen und Wünsche eingehen. Der moderne, lichtdurchflutete Neubau umfasst einschließlich Verwaltungs-, Lager- und Werkstattbereich rund 900 qm und ist für Sie schnell erreichbar über den Autobahnanschluss （Eine Anfahrtsskizze finden Sie hier … ）. Unseren Erfolg verdanken	1 我们的客户是我们工作的中心。 2 我们不仅致力于向您提供适合您要求的产品和解决方案 3 而且更超越您的期待。 4 因为人们更愿意在一个干净和健康的环境中生活。 5 我们会维护我们售卖的东西。 6 我们售卖长期为我们维护的产品。 7 团队中的每一个人都知道： 8 我们的客户希望以快捷、环保、节约的方式达到他们的目的。 9 但我们不会放弃原则。 10 就是说，我们偶尔会拒绝客户的愿望， 11 因为这些愿望可能会影响他们的成就。 12 我们坚持生意透明和干净。 13 我们希望您保持独立， 14 我们致力于长期的生意关系，而不是短视的完美生意或者让您产生依赖。 15 我们遵守承诺的服务和约定的时间， 16 这点没有推托的余地。 17 您选择我们是正确的。 18 借助我们小型化的、非集权的结构，我们能够灵活、快捷、有效地满足您的要求和愿望。 19 现代化的、采光良好的新建筑占地大约 900 平方米，它包括管理、仓储和工厂区域。 20 经由高速公路枢纽您很快能够

（续表）

wir unseren Kunden：Unsere Auftragge-ber stammen aus den unterschiedlichsten Branchen：von großen Dienstleistern der Branche bis zu Kommunen.	21 22	到达。 我们的成就应感谢我们的客户。 我们的客户来自五花八门的领域：从 大的服务商到区县。
Auf Anfrage nennen wir Ihnen gern einige Referenzen.	23	您若需要，我们愿意向您提供资信证 明人名单。

D20 Acryl

Geht nicht，das gibt's bei uns nicht! Acryl im Büro, Acryl als zeitlos schönes BasisMaterial schmucker Möbel — Holk & Partner haben für jeden Anwendungszweck das für Sie geeignete Produkt. Und wenn Sie Sonderwünsche haben：kein Problem. Unsere hochmotivierten Mitarbeiter zeigen Ihnen gerne, was sie können. Denn bei uns ist der Kunde noch König. Wir fertigen für Sie fast alles：vom einfachsten technischen Teil bis zum aufwendigsten Modell für Werbung, In-dustrie und privaten Bedarf. Damit kennen Sie auch schon einen wesentlichen Teil unserer Leistung, für die wir wenig Worte versch-wenden, weil sie am besten durch unsere Produkte ausgedrückt wird.	1 *说不行，在我们这里行不通!* 2 办公室里的丙烯酸树脂， 3 丙烯酸树脂是永不过时的、美丽 的装饰家具基础材料。Holk & Partner 公司为您提供适于各种用 途的合适产品。 4 如果您有特殊愿望， 5 毫无问题。 6 我们的有高昂干劲的同事愿意展 示给您看他们之所能。 7 因为在我们这里,顾客还是上帝。 8 我们几乎为您生产一切:从最简 单的技术零件到用于广告、工业 和私人需求的模型。 9 由此您也了解到了我们的主要 成就。 10 我们无需吹嘘， 11 因为我们的产品更好地体现了我 们的成就。

D21 Beckum

Trinkwasser — das Lebensmittel Nr. 1 Trink-wasser ist das wichtigste Lebensmittel. Es ist	1 饮用水——第一食品 2 饮用水是最重要的食品。

（续表）

auch Grundlage und Bestandteil vieler anderer Lebensmittel, z. B. Getränke, Brot, Konserven, Bier. Für kein anderes Lebensmittel auf der Welt gibt es so viele und so strenge Grenzwerte. Trinkwasser ist durch nichts zu ersetzen, daher ist es so kostbar für uns. Wir, die Mitarbeiterinnen und Mitarbeiter der Wasserversorgung Beckum GmbH sorgen dafür, dass Sie jederzeit klares, frisches und reines Trinkwasser aus Ihrem Wasserhahn zapfen können. Wenn Sie Fragen zum Thema Trinkwasser haben, rufen Sie uns einfach an unter der Telefonnummer：（02521） 843 – 0 oder senden uns eine E-Mail an： info @ wasserversorgungbeckum. de. WASSERVERSORGUNG BECKUM GMBH Hammer Straße 42, 59269 Beckum Postfach 19 51, 59249 Beckum Telefon：（02521）843 – 0 Telefax：（02521） 843 – 50 In Notfällen erreichen Sie uns sogar rund um die Uhr, Tag und Nacht unter der Telefonnummer：（02521）843 – 0	3 它同时也是其他许多食品的基础和成分,如饮料、面包、罐头、啤酒。 4 世界上没有其他的食品有这么多和这么严格的限定标准。 5 饮用水不能通过任何东西替代, 6 所以它才对我们这么珍贵。 7 我们,Beckum 供水有限公司的男女同事们,让您每时每刻能从您的水龙头里得到新鲜、清洁和纯净的饮用水。 8 如果您就饮用水相关事宜进行咨询, 9 请您直接拨打电话:（02521）843 – 0 10 或者直接发电邮到: info @ wasserversorgungbeckum. de. 11 地址: Beckun 供水公司 Hammer Straße 42, 59269 Beckum Postfach 19 51, 59249 Beckum Telefon:（02521）843 – 0 Telefax:（02521）843 – 50 12 紧急情况下,您日夜 24 小时都可以通过电话（02521）843 – 0 找到我们。

D22 Produktentwicklung

Durch das Besondere schaffen Sie Mehrwert für Ihr Unternehmen. Setzen Sie Zeichen am Markt durch eigenständige Produktlinien, Sie bekommen von uns die volle Unterstützung! Wir treiben mit Ihnen Produktentwicklung voran, das haben wir uns auf die Fahnen geschrieben.	1 您通过差异性为您的企业创造价值。 2 通过自有的生产线您在市场上刻下印记。 3 您从我们这里可以得到完全的支持。

（续表）

Denn wir wollen, dass die Wirtschaft in unserer Region mit eigenständigen und überzeugenden Produkten einen sicheren Absatz am Markt und damit eine Perspektive für die Zukunft erzielt. Wir erstellen für Sie ganzheitliche Konzeptionen und produktionsnahe Entwürfe und Modellierungen für Ihre Produktentwicklung, beraten Sie professionell während der Prototypenphase, empfehlen Ihnen auf Wunsch Kooperationspartner für die Fertigung und unterstützen Sie während der Markteinführungsphase. In einer aktiven Kommunikation mit Ihnen und Ihren Entwicklungs- und Marketingteams hinterfragen wir Ihre Unternehmensziele und analysieren Ihr Unternehmen und Ihre Produkte nach bestehenden Potentialen. Je nach Zielstellung entwickeln wir mit Ihnen Strategie und Konzept und begleiten Sie in der Produktentwicklung. Unser gemeinsames Ergebnis werden ausgewogen funktionale, ergonomische, qualitätsbewusste und außergewöhnliche Produkte sein und zwei Unternehmen, die sich behauptet haben nämlich Ihres und unseres!	4　我们和您一起研发新产品， 5　我们为此做出承诺。 6　因为我们希望，我们的区域经济能借助自己的、令人信服的产品在市场上占有稳定的份额， 7　并因此开创美好的未来。 8　我们为您提供完整的方案和贴近生产的设计，并为您的产品设计模型。 9　在开发阶段为您提供专业的咨询。 10　按照您的要求向您推荐生产合作伙伴 11　以及在市场引入阶段辅助您。 12　在和您、您的研制及营销团队的主动交际中我们询问您的企业目标 13　并按照现有潜力对您的企业和您的产品进行分析。 14　根据目标我们和您一起制定策略和草案 15　并在产品研制过程中陪伴您。 16　我们共同的成果将是有适当功能的、符合工效学的、质量高的和非常独特的产品， 17　两个展示自己的公司，即您的和我们的！

D23 Horizont

Ihr Horizont, ein mittelständisches Industrieunternehmen und besteht seit über 60 Jahren. Ihr Firmengründer Dr. Müller war einer der	1　您的 Horizont，一个中等的工业企业，已经存在了60多年。 2　您的公司创建人米勒博士是飞机

（续表）

maßgeblichen Erfinder des künstlichen Horizontes im Flugzeugcockpit und nannte das Unternehmen nach dieser Erfindung. In der Zwischenzeit haben mehr als 50 Patente und Gebrauchsmuster die Geschicke der Firma in den letzten Jahrzehnten bestimmt. Heute noch ist Ihr Horizont ein Familienunternehmen mit über 400 Mitarbeitern. Wir konzentrieren uns auf zwei Unternehmensbereiche — zum einen auf den Agrarbereich und zum anderen auf den Signalbereich. In beiden Sparten gehören wir heute zu den größten Anbietern weltweit. Wir sind jederzeit bemüht, neue Lösungen für die täglichen Probleme zu finden, die uns die Problematik Zaun und elektrischer Weidezaun stellt. Wir sind täglich dabei, Ihnen als Verbraucher Problemlösungen anzubieten, die einzigartig und genial sind und die Qualität bieten. Sie können sicher sein, dass Sie mit einem Horizont Produkt beste Qualität einkaufen. Dafür stehen wir mit unserem guten Namen. Im Agrarbereich sind wir Dank der eigenen Werke einer der europäischen Marktführer geworden. Wir produzieren seit über 60 Jahren nicht nur Ihre Weidezaungeräte, auch alle Zubehörprodukte für Ihren Gebrauch, wie Kunststoff- und Metallpfähle, Isolatoren, Haspeln, Torgriffe, Kunststoffbänder, -litzen und -seile sowie Netze für Schafe und andere Tiere.	3 驾驶舱人造地平线的发明者 并按照这项发明称呼该公司。 4 在此期间的 50 多项专利和使用模式决定了公司在过去几十年的能力。 5 如今，您的 Horizont 还是一个有超过 400 名员工的家族企业。 6 我们集中于两个领域——一个是农业领域，另一个是信号领域。 7 在两个领域里，我们都是世界最大的供应商之一。 8 我们时刻都努力寻找篱笆和牧场电子篱笆引起的问题的答案。 9 我们每天都试图为作为消费者的您提供独特的、合适的、高质量的问题解决方案。 10 您可以放心，您买了 Horizont 的产品，就是买了质量。 11 我们因此而享有盛名。 12 在农业领域，我们因为有自己的工厂而成为欧洲的市场领先者。 13 60 多年来，我们不仅生产您的牧场篱笆仪器， 14 而且为您的需求生产所有附属产品，例如塑料或者金属桩、绝缘体、绞盘、门把手、塑料带、塑料绳以及用于羊和其他动物的网。

D24 Polyverpackung

Ihre POLY-VERPACKUNG GMBH wurde 1980 gegründet. Ihr inhabergeführte Unternehmen hat sich auf den Handel und die Verarbeitung von Kunststofffolien spezialisiert. Durch Zuverlässigkeit und qualitativ hochwertige Verarbeitung der Produkte, konnte sich die POLY-VERPACKUNG GMBH vom lokalen Anbieter in Hamburg zu einem mittlerweile bundesweit tätigen Unternehmen entwickeln. Unser umfangreiches Lagerprogramm bestehend aus Flach- und Schlauchfolien, sowie einer großen Auswahl an Beuteln und Zubehör ermöglicht es uns, Sie kurzfristig zu beliefern. In unserer eigenen Fertigung können wir Sondergrößen für Beutel oder spezielle Zuschnitte für Sie kurzfristig fertigen. Wir bieten Ihnen umfassende Lösungen für Ihre Verpackungsanforderungen, in sämtlichen Bestellgrößen und sind Ihr Ansprechpartner für Sonderanfertigungen. Wir helfen Ihnen gerne, in einem persönlichen Gespräch das passende Angebot aus unserer vielschichtigen Produktpalette herauszufinden. Als kompetenter Ansprechpartner für Verpackungslösungen bieten wir unseren Kunden aus einer Hand: kompetente Beratung und schnelles Handeln, Termintreue und nicht zuletzt umweltschonendes Denken und Handeln. Nur im Zusammenspiel aller Aspekte erreichen wir die Aufgabenlösung einer optimalen Folienverpackung!	1 您的 POLY-VERPACKUNG 责任有限公司在 1980 年成立。 2 由您的创建人领导的企业专注于贸易和塑料薄膜加工。 3 通过可靠的和高质量的产品加工,POLY-VERPACKUNG 公司从一个汉堡的区域供应商成为全德国范围的供应商。 4 我们大规模的由平板和卷筒薄膜组成的库存产品,以及大量可供选择的塑料袋和附属品使我们能够向您即时供货。 5 在我们自己的加工厂里,我们能即时为您加工特殊塑料袋或者特别尺寸的产品。 6 我们针对您的包装需要,在所存的样式方面向您提供广泛的解决方案, 7 是您的特殊加工要求的伙伴。 8 我们愿意通过个别交谈帮助您从我们的丰富产品中找到适合您的产品。 9 作为包装解决方案的伙伴,我们向客户提供一条龙服务:专业咨询和快速行动,遵守时间以及保护环境的思想和行为。 10 只有协调好所有方面,我们才能获得完美的包装解决方案。

D25 Stromversorgung

Ihr Partner fürs tägliche Leben!	
Seit über 100 Jahren versorgen wir die Bevölkerung des Landkreises Lindau mit Strom, seit über 50 Jahren mit sauberem Trinkwasser und seit 90 Jahren mit Gas. Der Weg zu einem Energiedienstleistungsunternehmen modernen Zuschnitts war deshalb vorgezeichnet, das seine Netzwerkerfahrungen auch für die sichere Abwicklung des öffentlichen Verkehrs, für die Wärmelieferung und für die Telekommunikation einsetzt. Neben der Arbeit sorgen wir auch für Abwechslung im Alltag. Freuen Sie sich auf einen Besuch in unserem Spaß- und Vitalbad LIMARE, eines unserer Freibäder, der Eisbahn oder auf die Teilnahme an einem dynamischen Event. Wir, das heißt rund 170 Mitarbeiter sind „Ihr Partner fürs tägliche Leben", rund um die Uhr, auch in Zukunft.	1 您的日常生活的伙伴！ 2 百年来，我们为 Lindau 县的民众供电，50 年来（供应）干净的饮用水，90 年来（供应）液化气。 3 所以通向能源服务企业的现代篇章早已翻开。 4 该企业也将它的网络经验用于参与公共交通、供热和通讯。 5 除工作之外，我们也服务于日常娱乐生活。 6 前来我们的 Limare 乐趣泳场和滑道游玩吧， 7 或者参与丰富的活动。 8 我们 170 名员工是"您日常生活的伙伴"，24 小时，将来也是。